Carolin Philipps

# Martin unter Druck



omid

Für Lehrkräfte gibt es zu diesem Buch
ausführliches Begleitmaterial beim Hase und Igel Verlag.

Dieses Buch erschien erstmals 2004
im Hase und Igel Verlag, Garching b. München.
Es wurde für diese *light*-Ausgabe von Petra Golisch gekürzt und bearbeitet.


www. hase-und-igel.de
Die Schreibweise folgt den Regeln der neuen Rechtschreibung.
Fotos: Karla Hendel (mit Schülern der
Elly-Heuss-Realschule München), Andrea Brahimi
Gestaltung: Margit Kratzl
Druck: CPI – Ebner & Spiegel, Ulm

ISBN 978-3-86760-054-5
2. Auflage 2010

Carolin Philipps

# Martin unter Druck

Hase und Igel® light

# Inhalt

1. Kapitel:

# Erwischt!

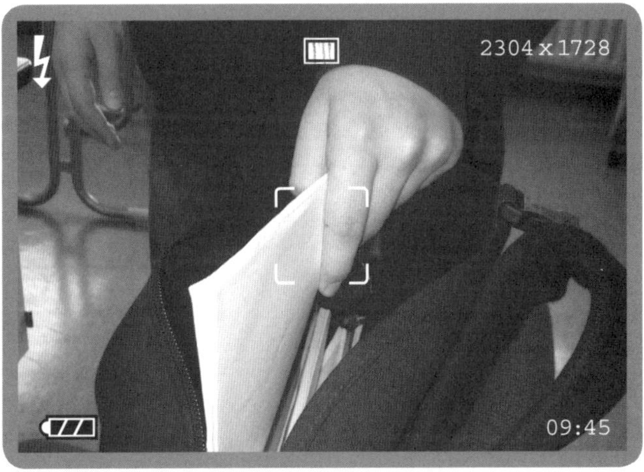


Herr Borchert hält eine blaue Mappe hoch. „Hier sind sie drin, die Matheaufgaben für morgen“, sagt er. Alle starren gebannt die Mappe an, besonders Martin. Er steht schlecht in Mathe und braucht dringend eine gute Note in der letzten Arbeit …

Kurz bevor die Stunde zu Ende ist, steckt Herr Borchert die Mappe in seine große Ledertasche. Da ruft ihn ein Kollege aus der

Klasse. Herr Borchert läuft eilig hinaus – ohne die Tasche! Sie steht immer noch da, als es zur Pause klingelt.

Und plötzlich hat Martin eine Idee: Er wartet, bis alle rausgegangen sind. Dann öffnet er die Tasche und durchwühlt sie.

Die große Pause ist fast zu Ende. Er muss sich beeilen! Martin findet das Mathebuch, die Übungsaufgaben, die Arbeitshefte der 7a und ein rotes Notizbuch.

Endlich! Martin hält die blaue Mappe in der Hand. Zitternd holt er die beiden Zettel mit den Aufgaben heraus und überfliegt sie. Er versucht, sie sich einzuprägen. Zwei Minuten bleiben ihm noch, bis es klingelt …

Der Gong! Martin wirft einen letzten Blick auf die Blätter. Dann legt er sie in die Mappe zurück. Er hört Schritte auf dem Flur. Sie kommen immer näher. Martin ist wie erstarrt. Er hält noch immer die Mappe in der Hand.

Jemand reißt die Tür auf. Ein Mädchen stürmt hinein – Mandy! Sie starrt Martin an und versteht sofort, was hier passiert. Martin wird erst jetzt klar, was er gemacht hat. Und ausgerechnet Mandy hat ihn erwischt!

„Das glaub ich ja einfach nicht!“, ruft Mandy. „Unser Fußballstar durchwühlt heimlich fremde Taschen und klaut die Matheaufgaben!“

Martin schweigt.

„Was wird wohl der Borchert sagen, wenn ich ihm das erzähle?“, fragt Mandy. Von draußen hören sie Stimmen und Geräusche. Martin wird blass. Mandy bleibt völlig cool. Sie nimmt Martin die Mappe aus der Hand und steckt sie zurück in die Tasche. Dann zieht sie Martin in eine andere Ecke des Raums.

„Bleib locker, Mann!“, zischt sie. „Los, erzähl mir was von deinem letzten Fußballspiel.“

2. Kapitel:

# Mandys Drohung

Als die anderen hereinstürmen, tun Martin und Mandy so, als würden sie sich freundlich unterhalten. Niemand wundert sich. Nur Jan schaut Martin überrascht an. Denn eigentlich unterhält sich keiner in der Klasse gern mit Mandy.

Hinter dem letzten Schüler stürzt Herr Borchert durch die Tür. „Hab ich hier eben meine Tasche …? Ach, da ist sie ja!"

Er nimmt die Tasche und verlässt eilig die Klasse.

Martin sitzt mit schneeweißem Gesicht auf seinem Platz. Mandy grinst ihn an. „Warte nach der Schule auf mich!“, sagt sie. „Wir müssen was besprechen.“

„Ich hab keine Zeit“, antwortet Martin. „Ich muss zum Training.“

Das Grinsen auf Mandys Gesicht verschwindet. „Wenn ich du wäre“, sagt sie drohend, „dann *hätte* ich Zeit! Oder soll ich einen Bericht für die Schülerzeitung schreiben? Der tolle Martin Hoffner mit den braunen Locken und den unschuldigen Augen – ein Betrüger! Nicht so günstig, wenn man Karriere machen will, oder?“

Mandy dreht sich einfach um und setzt sich auf ihren Platz.

3. Kapitel:

# Was hat Mandy vor?

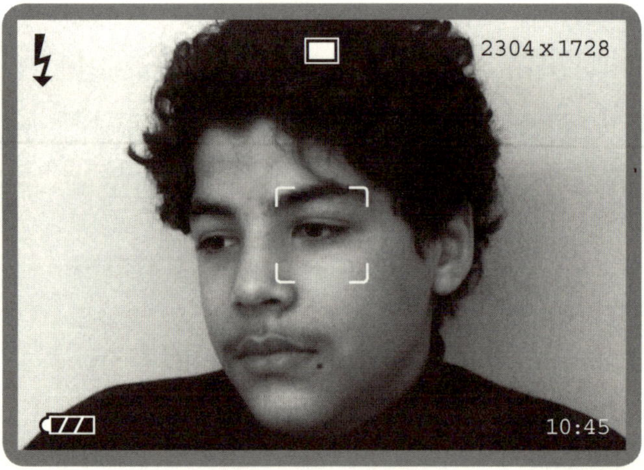


Von der nächsten Stunde bekommt Martin nicht viel mit. Wie betäubt sitzt er da, kann keinen klaren Gedanken fassen und denkt immer nur: ‚Jetzt ist alles aus!'

Was hat Mandy vor? Wird sie ihn verpetzen? Aber warum hat sie es nicht gleich gemacht? Vielleicht kann er sie ja überreden zu vergessen, was sie gesehen hat.

„Martin, please go on reading!"

Die Stimme der Englischlehrerin Frau Meyer dringt ganz leise zu ihm durch. Martin zuckt zusammen. Er hat keine Ahnung, wo er weiterlesen soll. Frau Meyer sieht ihn an und schüttelt den Kopf. Dann schreibt sie etwas in ihr kleines Notizbuch und ruft Jan auf. Mist! Dabei steht Martin in Englisch sowieso schon auf Fünf …

Mandy dreht sich um und grinst. Eigentlich weiß Martin nicht viel über sie. Sie ist 15, also fast zwei Jahre älter als die meisten in der Klasse, denn sie ist schon zweimal sitzengeblieben. Sie ist ziemlich groß und hat lange blonde Haare. Am liebsten läuft sie in schlabbrigen Hosen herum, die sie ruhig öfter waschen könnte. Außerdem sind ihre Haare immer etwas strähnig. Manchmal riecht sie nach Schweiß. Deshalb will niemand neben ihr sitzen.

Aber das ist nicht der einzige Grund. Sie interessiert sich kein bisschen für ihre

Klassenkameraden. Sie sitzt nur ihre Zeit im Unterricht ab. Ab und zu meldet sie sich. Denn natürlich weiß auch sie, dass dies ihre letzte Chance ist. Noch mal sitzenbleiben kann sie sich nicht erlauben.

Sobald es klingelt, verschwindet Mandy zu ihren drei Freundinnen aus ihrer alten Klasse. In den Pausen steht sie immer nur mit Patty, Claudia und Uli zusammen. „Die Viererbande“ werden sie in der Schule genannt. Auch nachmittags sieht man nur selten eine von ihnen allein.

4. Kapitel:

# Die Erpressung

Als Martin nach der sechsten Stunde aus der Klasse kommt, steht Mandy mit ihren drei Freundinnen an einer Säule und plaudert. Sobald sie Martin sieht, verabschiedet sie sich und schlendert auf ihn zu. „Na, was hast du anzubieten, damit ich schweige?“, sagt sie sofort.

„Können wir die Sache nicht einfach vergessen?“, fragt Martin unglücklich.

„Vergessen?“ Mandy fängt an zu lachen. Sie lacht und lacht und kann gar nicht mehr aufhören. Ihr Lachen hallt durch den leeren Flur. „Nein, so einfach geht das nicht! Du schreibst morgen eine gute Note. Und was hab ich davon?“

„Ich kann dir doch die Aufgaben aufschreiben“, bietet Martin an. „Nicht die genauen Zahlen, aber so ungefähr die Fragen. Mehr weiß ich auch nicht mehr.“

Mandy winkt ab. „Vergiss es! So eine Schummelei hab ich in Mathe nicht nötig.“

Das stimmt leider. In Mathe ist sie nicht schlecht. Bei einer Englischarbeit hätte sie vielleicht „Ja“ gesagt.

„Okay. Du willst, dass ich schweige?“, fängt Mandy wieder an. „Kannst du haben! Aber im Leben gibt es nichts umsonst. Das kostet dich 20 Euro.“

Martin starrt sie entsetzt an. Das ist ja Erpressung!

„20 Euro? Wo soll ich die herkriegen?“

„Das ist *dein* Problem!“, sagt Mandy eiskalt. „20 Euro oder … Na, du weißt schon! Wir treffen uns morgen vor der Mathestunde bei den Fahrradständern.“

Sie dreht sich um und geht zurück zu ihren Freundinnen. Martin steht einfach nur da und starrt ihr nach.

5. Kapitel:

# Martin hat Stress

Zu Hause wartet seine Mutter schon ungeduldig auf Martin.

„Wo bleibst du denn so lange?“, empfängt sie ihn ärgerlich. „Beeil dich! Du weißt doch: Wir müssen gleich nach dem Essen los. Schreibt ihr noch eine Arbeit oder einen Test? Dann kannst du im Auto lernen.“

Martin schüttelt den Kopf. Er hört gar nicht zu. Jeden Mittag dieselben Fragen und

Befehle. Er schüttelt bei den Worten „Hausaufgaben“ und „Test“ meist schon automatisch den Kopf. Hausaufgaben, Klassenarbeiten und Tests machen natürlich alles noch schwieriger. Martin hat einfach keine Zeit!

Häufig schreibt er einfach vor der Schule von Jan ab. Dafür schenkt er ihm ab und zu Freikarten. Martin ist Jugendspieler beim HSV, dem größten Sportverein Hamburgs. Deshalb bekommt er umsonst Karten für alle Heimspiele der Bundesligaprofis. Er selbst hat nur selten Zeit, sich die Spiele anzusehen.

Martin hat keinen Hunger mehr. Er ist so müde. Jetzt einfach nur auf dem Bett liegen, Musik hören, gar nichts tun … Das wäre schön!

Er denkt an Jan. „Ich würde gerne mit dir tauschen“, sagt Jan manchmal. Er ist der beste Schüler der Klasse und muss sich keine

Sorgen wegen schlechter Noten machen. Aber seine Nachmittage bestehen fast nur aus Lernen. Sein einziges Hobby ist seine Kamera. Dauernd schießt er irgendwelche Fotos und bearbeitet sie am Computer.

„Mein Leben ist so langweilig“, hat er einmal zu Martin gesagt. „Ich freu mich auf die Schule. Da ist immer was los. Und du hast Action pur: Training, geile Fußballspiele, viele Fahrten, sogar ins Ausland. Du triffst berühmte Leute. Mein Leben ist leider nicht so aufregend …“

Es stimmt, dass Martin keine Langeweile kennt. Aber dafür hat er auch keine Zeit, um ins Kino zu gehen, Freunde zu treffen und mit ihnen rumzuhängen. Er hetzt immer nur von einem Termin zum anderen.

„Iss doch noch was, Martin. Du brauchst Kraft! Das Training ist doch wichtig für dich“, sagt seine Mutter. Martin seufzt. Für sie ist jedes Training und jedes Spiel wichtig.

Wichtiger als alles andere … Das war schon immer so, seit er mit fünf Jahren zum ersten Mal in einem Verein Fußball gespielt hat.

Jetzt ist er fast 14. Beim HSV spielt er in der C-Jugend. Linksaußen, Torschützenkönig, Spielführer. Dreimal in der Woche Training im Verein, einmal für die Landesauswahl im Leistungszentrum und fast jedes Wochenende Punktspiele. Und dann noch die Trainingslager in den Ferien …

„Du hast ja noch fast gar nichts gegessen, Martin“, ruft die Mutter. „Beeil dich. Wir müssen los!“

Martin zieht seinen Trainingsanzug an. In letzter Sekunde steckt er noch sein Matheheft, das Buch und ein paar Stifte ein.

Martin und seine Mutter stecken im Stau fest. So hat Martin etwas mehr Zeit, sich auf die Mathearbeit vorzubereiten. Er versucht, sich an die Aufgaben zu erinnern, die er in

Herrn Borcherts blauer Mappe gesehen hat. Martin sucht in seinem Mathebuch nach ähnlichen Aufgaben. Nichts.

Dann blättert er in seinem Heft. Er findet ein paar Aufgaben, die ähnlich klingen wie die auf Herrn Borcherts Blättern. Martin rechnet sie durch.

Die Mathearbeit muss mindestens eine Vier werden! In Englisch kriegt Martin eine Fünf. Da ist nichts mehr zu machen. Er hat einfach keine Zeit zum Lernen der Vokabeln gehabt.

Aber in Mathe kann er noch was retten! Herr Borchert ist zugleich sein Sportlehrer. In Sport steht Martin auf Eins. Deshalb drückt Herr Borchert bestimmt in Mathe ein Auge zu. Aber ohne eine Vier in der letzten Arbeit kann auch er nichts tun.

Eigentlich ist Martin gar nicht schlecht in Mathe. Aber seitdem er zusätzlich im Leistungszentrum trainiert, hat er noch weniger Zeit. Jan lässt ihn zwar immer abschreiben, aber davon lernt er selbst nichts. Und wenn die Leistungen nicht stimmen, ist es vorbei mit Schulbefreiungen für Fußballtermine …

6. Kapitel:

# Her mit dem Geld!

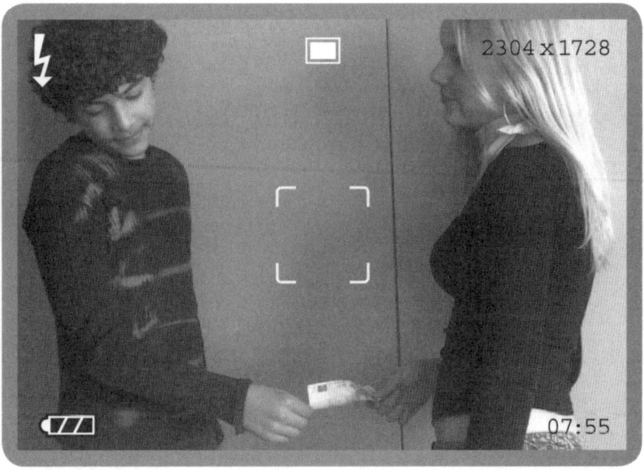


Als Martin am nächsten Morgen aufwacht, denkt er sofort an die Mathearbeit. Heute wird es ernst! Erst dann fallen ihm die 20 Euro ein, die Mandy von ihm verlangt. In seiner Schublade findet er noch 30 Euro. Eigentlich wollte er sie sparen. Aber jetzt ist es wichtiger, dass Mandy den Mund hält.

Martin steckt zwei Zehn-Euro-Scheine ein und fährt heute mit dem Bus zur Schule.

Mandy wartet schon in der Eingangshalle auf ihn. „Her mit dem Geld!“, sagt sie sofort und streckt die Hand aus.

„Woher willst du wissen, dass ich überhaupt zahle?“, fragt Martin.

Mandy grinst. „Weil du keine Wahl hast. Wenn ich dich verrate, ist es schnell vorbei mit der Sonderbehandlung für den Fußballstar.“

Martin weiß, dass sie recht hat. Dafür hasst er sie noch mehr. Schnell drückt er ihr das Geld in die Hand.

„Dann viel Erfolg bei der Mathearbeit!“, ruft Mandy süßlich und lässt Martin einfach stehen.

20 Euro! So viel Geld. Martin ärgert sich jetzt sehr. Mit etwas mehr Zeit hätte er auch so eine Vier schaffen können!

Hoffentlich geht jetzt nichts mehr schief! Herr Borchert darf nie erfahren, dass Martin an seiner Tasche war!

Herr Borchert verteilt die Blätter mit den Matheaufgaben. Martin atmet auf. Es sind wirklich die Fragen, die er schon kennt.

Ein paar seiner Klassenkameraden seufzen und stöhnen. Aber Martin fängt sofort an zu rechnen. Es klappt ganz gut.

„In zehn Minuten müsst ihr abgeben", kündigt Herr Borchert an. Martin beendet die letzte Aufgabe. Er hat sogar noch Zeit, einige Ergebnisse nachzurechnen.

Als es klingelt, gibt Martin als einer der Ersten ab. Er hat ein gutes Gefühl. ‚Das wird mindestens eine Drei. Jetzt wird alles gut', denkt er zufrieden. Das war die 20 Euro wert!

7. Kapitel:

# Martin stürmt nach vorn

Nach der dritten Stunde ist für Martin die Schule aus. An den letzten beiden Stunden nimmt er nicht mehr teil, weil er heute ins Trainingslager fährt.

„Das ist das letzte Mal, dass wir das genehmigen", hat Herr Borchert gesagt. Er war sehr unzufrieden. „Deine Leistungen müssen erst wieder besser werden. Du weißt ja: Wenn du sitzenbleibst, kannst du deine

Fußballkarriere erstmal für eine Weile vergessen!"

Martins Mutter wartet im Auto vor dem Schultor. Sie ist ungeduldig. Martin setzt sich auf den Beifahrersitz und schließt die Augen. Er ist so müde.

Auf dem Parkplatz an der Autobahn steht schon der Bus, der ihn und seine Mannschaft übers Wochenende ins Trainingslager fährt. Dort erwartet sie ein volles Programm: Mittagessen, zwei Stunden Training, Freundschaftsspiel gegen eine Ortsauswahl …

Kaum hat der Bus den Parkplatz verlassen, schläft Martin auch schon ein. Um ihn herum reden und lachen die anderen. Doch Martin schläft tief und fest.

Er wird erst wach, als Herr Pape, sein Trainer, ihn rüttelt. „Martin! Hallo! Aufwachen!" Der Bus ist leer. Alle anderen sind schon ausgestiegen.

„Gut, dass ich dich alleine sprechen kann“, sagt der Trainer. „Streng dich heute an. Du weißt, was auf dem Spiel steht …“

Ja, das weiß er! In wenigen Wochen findet in München ein Länderspiel statt: Deutschland gegen England. Das Jugend-Nationalteam „U 15“ spielt am selben Tag ausnahmsweise gegen eine Auswahl englischer Jugendlicher.

Am Sonntag ist das Trainingslager zu Ende. Kurz danach wird der deutsche Kader bekanntgegeben. Und Herr Pape muss dazu eine Empfehlung abgeben …

Martin und seine ganze Familie hoffen, dass er ausgewählt wird. Er hat gute Chancen! Aber es gibt 22 Spieler im Lehrgang der Landesauswahl, davon vier Stürmer. Karim ist Martins größter Konkurrent. Wer hier genommen wird, hat Aussichten auf eine Profilaufbahn als Fußballer. Doch nur einen wird Herr Pape als Stürmer für das Länderspiel vorschlagen …

Anfangs fällt es Martin schwer, die Schule, die Mathearbeit und vor allem Mandy zu vergessen. Er macht Fehler und ist nicht so gut wie sonst. Aber nach einer Weile findet er zu seiner Form zurück. Am Sonntag schießt er im Freundschaftsspiel gegen die Ortsmannschaft sogar zwei Tore.

Kurz vor der Rückfahrt ruft der Trainer die Spieler zusammen. Martin hat ein mulmiges Gefühl. Wird es reichen?

„Ihr wart alle gut", sagt er. „Aber leider kann nur einer als Stürmer nach München reisen. Und da gibt es nur einen, der zur Zeit optimal in Form ist … Martin!"

Es gibt viele enttäuschte Gesichter. Martin hingegen kann sein Glück gar nicht fassen. Er hat es tatsächlich geschafft! Er darf in München spielen, wenn … ja, wenn es keine Probleme in der Schule gibt.

Der Trainer drückt ihm gleich ein Formular für die Schulbefreiung in die Hand und sagt: „Gib es mir schnell unterschrieben wieder."

Als Martin bedrückt schaut, fragt sein Trainer besorgt: „Probleme?"

Martin schüttelt den Kopf. Herr Pape braucht nicht zu wissen, was los ist. Aber Herr Borchert wird nur unterschreiben, wenn die Versetzung gesichert ist – Jugend-Nationalelf hin oder her …

8. Kapitel:

# Mandy lässt nicht locker

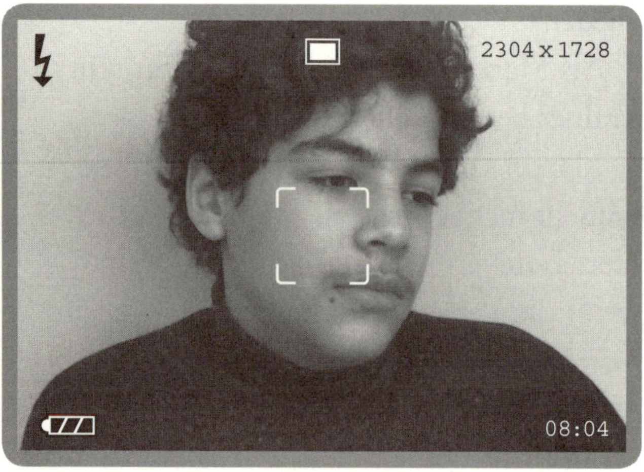


Am Montagmorgen betritt Herr Borchert mit dem Stapel Mathearbeiten unter dem Arm die Klasse. Martin wird ganz übel vor Aufregung.

„Die Arbeit ist diesmal ziemlich schlecht ausgefallen", beschwert sich der Lehrer und teilt die Arbeiten aus. „Bravo, Martin", sagt er, als Martin an der Reihe ist. „Bei dir ist es eine glatte Zwei geworden."

Einen kurzen Moment kann Martin sich freuen. Jetzt wird alles gut. Jetzt bekommt er die Schulbefreiung! Doch dann blickt er in Mandys Gesicht. „Tolle Leistung!“, sagt sie zuckersüß. Sofort ist alles wieder da: die düsteren Gedanken, die Angst und die Bauchschmerzen, die Martin jedes Mal hat, wenn er an Mandy denkt.

Nach dem Unterricht wartet Martin auf Herrn Borchert. Er gibt ihm den Antrag für das Länderspiel in München.

„Ich darf zu einem Spiel in der ‚U 15‘-Auswahl antreten.“

„Super, Martin“, sagt der Lehrer. „Das ist ja eine Wahnsinns-Chance. Und ich kann dir eine Vier im Zeugnis geben. Dann hast du die Versetzung noch geschafft.“

Martin atmet auf. Aber Herr Borchert darf nie erfahren, wie er zu der Zwei in der Mathearbeit gekommen ist.

Nach der Schule versperrt ihm Mandy den Weg. „Tja, Martin, tolle Note. Aber das wird teuer!“

„Was willst du noch?“ Martins Stimme klingt entschlossener, als er sich fühlt.

Mandy lacht. „20 Euro waren für eine Vier gedacht. Eine Zwei kostet mehr.“

„Ich hab kein Geld mehr.“

„Das ist dein Problem. Und wenn du nicht zahlst, kann ich Herrn Borchert ja immer noch erzählen, was wirklich passiert ist.“

„Das ist Erpressung!“ Kaum hat Martin das Wort „Erpressung“ ausgesprochen, bereut er es auch schon.

„Du hast es gerade nötig, du Betrüger! Du kannst ja zum Borchert gehen und die Wahrheit sagen“, antwortet Mandy. „Und zum Erpressen gehören immer zwei: Einer, der es macht, und einer, der was zu verlieren hat.“

Mandy ist sich ihrer Sache sicher: Martin muss zahlen, denn er kann auf keinen Fall zu Herrn Borchert gehen. Dann würde er für seine Mathearbeit eine Sechs bekommen, wegen Betrug. Und damit würde er sitzenbleiben!

Was Mandy nicht weiß: Damit wäre er aus, der Traum von München …

Martin hat keine Wahl. „Wie viel willst du?“, fragt er leise.

„40 Euro“, sagt Mandy knallhart. „Du hast drei Tage Zeit.“ Dann geht sie einfach weiter.

Martin ist verzweifelt. Wird sie jemals Ruhe geben? Und wie soll er bis Donnerstag an so viel Geld kommen?

9. Kapitel:

# Einmal erpressbar, immer erpressbar

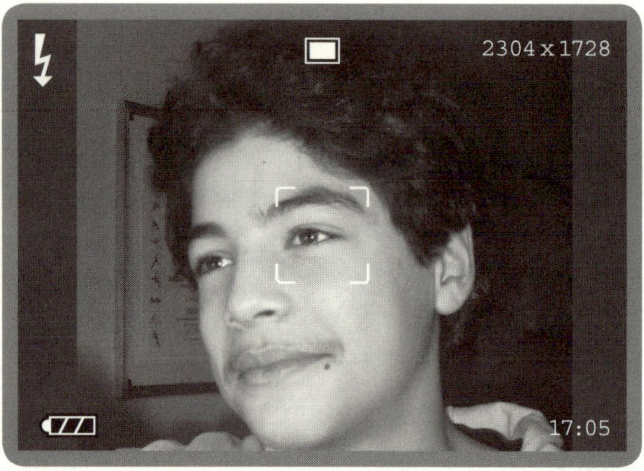


Der Donnerstag kommt noch schneller als befürchtet. Martin hat wirklich versucht, die 40 Euro auf ehrliche Weise zu beschaffen: Zehn Euro sind aus seinem Sparschwein. Er hat das Auto seines Vaters gewaschen und den Rasen der Nachbarn gemäht. Aber mehr als 25 Euro sind nicht zusammengekommen. Es fehlen noch 15 Euro – und die nimmt er heimlich aus der Geldbörse seiner Mutter. ‚Ist nur geliehen, nicht gestohlen', beruhigt er sich selbst.

„Na, das klappt ja!", meint Mandy, als er ihr das Geld gibt.

„Aber jetzt muss Schluss sein!", antwortet Martin mit fester Stimme.

„Wir werden sehen", sagt Mandy und geht davon. Martin folgt ihr in die Klasse. Das schlechte Gefühl in seinem Magen bleibt. „Einmal erpressbar, immer erpressbar." Diesen Spruch hat er mal irgendwo gelesen.

Aber zunächst hat Martin Ruhe. Eine Weile lebt er so, als sei nichts gewesen. Schule, Training, Punktspiele …

„Du kannst es ganz nach oben schaffen", lobt ihn sein Trainer. Ja, ganz nach oben! Da will Martin hin. Und er ist auf dem besten Weg. Er freut sich auf das Jugend-Länderspiel in München. Nach der Zwei in Mathe hat er die Schulbefreiung in der Tasche. Die Sache mit Mandy muss er einfach vergessen. Er hat gezahlt. Sie lässt ihn in Frieden.

10. Kapitel:

# Die Viererbande

Doch eine Woche später wartet Mandy mittags bei den Fahrradständern auf Martin. Vor Aufregung klopft sein Herz schneller.

Eigentlich ist Mandy keine Bedrohung für Martin. Er ist größer als sie und mit Sicherheit stärker. Und doch geht etwas von ihr aus, das ihm Angst macht.

„Was willst du?“, fragt er. „Ich hab’s echt eilig.“

„Musst du schon wieder zum Training?“, will sie wissen.

„Klar, was sonst?“ Martin will Mandy zur Seite schieben.

„Hast du in den nächsten Tagen mal Zeit?“, fragt sie.

Martin schüttelt den Kopf. Was soll das jetzt wieder? Will sie sich etwa mit ihm treffen?

„Wenn ich du wäre, würde ich mir Zeit nehmen. Wir müssen besprechen, wie es weitergeht.“ Mandy sagt das ganz ruhig.

Martins Magen zieht sich zusammen.

„Also dann, bis bald.“ Mandy geht davon und pfeift vor sich hin.

Erst jetzt bemerkt Martin ihre drei Freundinnen Patty, Claudia und Uli. Sie warten am Schultor auf Mandy. Mandy macht das Victoryzeichen. Laut lachend zieht die Mädchenbande ab. Martin schaut ihnen nach. Er hat ein sehr ungutes Gefühl dabei.

Mit der Viererbande legt sich niemand gerne an. Alle vier sind schon 15 Jahre alt. Patty, Claudia und Uli gehen in Mandys ehemalige Klasse. Genau wie Mandy sind sie sehr unbeliebt. Irgendwann haben die vier sich angefreundet. Nun schützen sie sich gegenseitig.

Mandy und Claudia haben kein Geld für Markenklamotten. Außerdem sehen sie manchmal ziemlich ungepflegt aus. Patty ist klein, zwar nicht dick, aber sehr unsportlich. Uli ist ihre beste Freundin. Sie hat fünf ältere Brüder. Deshalb ist sie es gewohnt, sich durchzusetzen, notfalls mit Gewalt. Wenn Uli wütend ist, schlägt sie zu, ohne zu überlegen.

In der Schule gibt es Gerüchte, dass die vier sogar andere überfallen und beklauen. Aber aus Angst schweigen alle und gehen der Viererbande aus dem Weg.

Martin kann sich nicht vorstellen, dass sie auch ihn angreifen und schlagen.

Man sagt, dass alle ihre Opfer Schwächere waren. Aber er nimmt sich trotzdem vor, Mandy nicht zu provozieren. Schließlich hat er eine ganze Menge zu verlieren.

Ihm kommt der Gedanke, dass es vielleicht doch besser wäre, Herrn Borchert alles zu gestehen. Aber dann würde Karim an seiner Stelle nach München fahren. Martin kann die enttäuschten Gesichter der anderen vor sich sehen. Seine Eltern, sein Trainer und sogar Herr Borchert sind so stolz auf ihn …

Er *kann* die Wahrheit nicht sagen. Mit Mandy muss er anders fertigwerden!

11. Kapitel:

# Der Fanclub

Beim Training machen sie zum Abschluss ein Spiel. Martins Mannschaft liegt kurz vor Spielende mit einem Tor hinten. Da erkämpft er sich den Ball, läuft los und flankt zu einem Mitspieler. Der Ball kommt zurück. Martin umspielt den Torwart und steht allein vor dem leeren Tor.

Als er den Ball hineinkicken will, sieht er plötzlich Mandy unter den Zuschauern.

Martin schießt daneben. Der Schiedsrichter pfeift das Spiel ab und die Gegner jubeln.

„Sag mal, spinnst du?“, schreit Karim Martin an. „Das war ein todsicheres Tor!“

Martin hört gar nicht zu. Er sucht Mandy. Eben hat er sie noch gesehen. Jetzt ist sie verschwunden. Hat Karim recht? Spinnt er wirklich? Hat er sich nur eingebildet, dass er Mandy gesehen hat?

Nein, sie verfolgt ihn wirklich! Nach der Schule wartet sie manchmal auf ihn. Und wenn sie nicht selbst kommt, steht garantiert ein Mitglied der Viererbande da.

Ständig sitzen sie jetzt am Spielfeldrand, wenn Martin trainiert. Manchmal winken sie ihm sogar zu.

„Dein neuer Fanclub?“, will der Trainer wissen. „Lass dich bloß nicht ablenken!“ Doch wenn Martin die Viererbande sieht, ist es vorbei mit seiner Konzentration. Immer häufiger macht er Fehler, lässt sich austricksen oder verliert Zweikämpfe. Wenn Martin sich dem Tor nähert, jubeln die Mädchen und rufen: „Martin vor, noch ein Tor!“

Beim nächsten Punktspiel halten Mandy und Claudia ein großes, weißes Tuch hoch: *Viele Grüße von Borchert!* Als Martin das liest, vergibt er eine 100-prozentige Torchance. Die anderen sind stinksauer, weil sie natürlich denken, dass er sich mehr für die Mädchen interessiert als für das Spiel.

Nach der Halbzeitpause stehen Mandy und Claudia hinter dem anderen Tor und halten wieder das Transparent in die Höhe: *Viele Grüße von Borchert!*

Am Ende verschießt Martin sogar einen Elfmeter. Das ist ihm noch nie passiert! Seine Mannschaft verliert das Spiel. Die anderen geben ihm die Schuld daran.

12. Kapitel:

# Alles geben für den Fußball!

Es gibt nur wenige Momente, in denen sich Martin vor Mandy und ihren Freundinnen sicher fühlt.

Wenn er auf seinem Fahrrad sitzt, vergisst er seine Probleme. Dieses Fahrrad ist sein ganzer Stolz. Er hat es sich von seiner ersten Siegprämie gekauft. Es hat einen blausilbrigen Rahmen, eine 28-Gang-Schaltung und Sportgriffe.

Leider hat er nicht oft Zeit zum Fahrradfahren. Sein ganzes Leben dreht sich um den Fußball, und das schon seit Langem. Aber nicht nur sein Leben, auch das seiner Eltern!

Als Martin fünf Jahre alt war, fiel sein Talent auf. Sein Vater meldete ihn bei einem Verein an. Zweimal in der Woche Training, am Wochenende Turniere. Samstag war Fußballtag, solange Martin denken konnte.

Mit elf Jahren spielte Martin in der D-Jugend. An einem Samstag sagte sein Vater zu ihm: „Gib dir heute besonders viel Mühe. Es sind Talentsucher vom HSV da. Die beobachten alle Spieler. Und die besten dürfen dann beim HSV trainieren."

Bei einem richtig großen Verein spielen! Davon träumte jeder Junge in seiner Mannschaft … Und Martin schaffte es! An diesem Samstag gelang ihm einfach alles. Insgesamt schoss er sogar drei Tore. Einer der Talentsucher vom HSV kam zu seinem Vater und sagte: „Wir würden uns freuen, wenn Ihr Sohn zum Probetraining käme.“

Die ganze Familie stand Kopf. Kurz danach gehörte Martin tatsächlich zur Jugendmannschaft des HSV! Martin freute sich riesig. Seine Eltern waren sehr stolz auf ihn.

Seitdem dreht sich das Leben der Familie noch mehr um Fußball: Fahrten zum Training, zu Punktspielen und zu Auswärtsterminen. Martins Kalender ist randvoll. Und Martins Termine sind auch die Termine seiner Eltern. Für den Erfolg tun sie alles!

„Ihr habt ja gar kein eigenes Leben mehr“, beschweren sich ihre Freunde. „Wenn man euch einlädt, müsst ihr erst gucken, was bei Martin anliegt.“

Martin gibt sich Mühe, die Erwartungen zu erfüllen. Fußballspielen macht ihm ja Spaß! Aber manchmal beneidet er seine Klassenkameraden. Die können sich einfach

so fürs Kino oder zum Basketballspielen verabreden.

Seit einem Jahr ist Martin in der Landesauswahl. Das heißt: Spiele in ganz Deutschland gegen die anderen Landesauswahlen. Das ist ein weiterer Schritt auf dem Weg in die „U 15“, die Nationalmannschaft seiner Altersgruppe. Seitdem heißt es auch: noch mehr Training, noch mehr Fahrten – und noch weniger Zeit für Schule und Hausaufgaben.

Es ist klar, dass Martins Schulleistungen immer schlechter geworden sind. Seine Lehrer sind unzufrieden. Nur Herr Borchert hat Verständnis für ihn. Doch auch er hat zu ihm gesagt: „Irgendwann musst du dich entscheiden: Schule oder Fußballprofi! Bis es so weit ist, solltest du versuchen, einen guten Schulabschluss zu machen. Aber wenn es so weitergeht, schaffst du nicht mal die Versetzung …“

13. Kapitel:

# Entweder, oder …

Als Martin am nächsten Tag mit dem Fahrrad zur Schule fährt, wartet Mandy schon bei den Fahrradständern auf ihn.

„Hey, geiles Fahrrad!“, begrüßt sie ihn.

„Warum lässt du mich nicht endlich in Ruhe?“, schreit Martin sie an. „Ich habe gezahlt. Was willst du noch?“

„Auch so ein cooles Fahrrad!“

„Dann kauf dir eins!“, zischt Martin.

Er stellt sein Rad ab und kettet es mit zwei dicken Schlössern an. Mandy tänzelt um Martins Rad herum, streicht über den Sattel und über die Lenkstange und klingelt. „Leider habe ich nicht so viel Geld“, sagt sie. „Vielleicht kannst du mir ja ein bisschen helfen …“

Martin bleibt vor Schreck die Luft weg. Nein! Das kann sie nicht machen! Nicht sein Fahrrad! Doch da sagt sie schon leise, aber deutlich: „Ich will dein Fahrrad haben.“

Martin findet seine Stimme wieder. „Bist du total übergeschnappt?“, faucht er böse. „Ich lass mich nicht erpressen.“

„Ach nein? Tust du das nicht?“, fragt Mandy und grinst. „Wie schade! Ich hab mich schon so auf das Fahrrad gefreut.“

„Wenn du mein Fahrrad haben willst, musst du es schon klauen“, ruft Martin und läuft davon. Er dreht sich noch einmal um und sieht, dass Mandy auf dem Sattel sitzt. Sie hat beide Hände am Lenker.

Dann winkt sie ihm zu und steigt ganz langsam ab.

Vor der Mathestunde spricht Mandy Herrn Borchert an: „Herr Borchert, haben Sie irgendwann kurz Zeit für mich? Ich muss mal mit Ihnen reden."

„Worum geht's denn?", fragt der Lehrer.

„Das würde ich Ihnen gern unter vier Augen sagen", antwortet Mandy.

Martin kriegt Angst. Will sie Herrn Borchert alles sagen?

Nach der Schule fährt Martin Mandy nach. „Was hast du vor?", fragt er.

„Ich will nicht länger zu Fuß gehen", sagt Mandy. „Ich will dein Fahrrad haben!"

„Wie stellst du dir das vor? Und was soll ich meinen Eltern sagen?"

„Kein Problem", antwortet Mandy. Du kannst ja einfach sagen, dass jemand das Rad gestohlen hat. Dann kriegst du Geld von der Versicherung und davon kaufst du dir ein neues Rad.“

„Das ist Betrug!“, ruft Martin.

Mandy lacht. „Du redest von Betrug? Was war denn das mit der Mathearbeit?“

Martin schweigt.

„Als du in der Tasche vom Borchert gewühlt hast, hattest du ja auch keine Skrupel“, fährt Mandy fort. „Wo ist der Unterschied?“

Es ist nicht dasselbe. Aber Martin weiß nicht, was er sagen soll. Irgendwie hofft er, dass das alles nur ein böser Traum ist.

Zum Abschied sagt Mandy: „Überleg’s dir bis morgen. In der großen Pause bin ich mit dem Borchert verabredet. Entweder ich krieg dein Fahrrad oder es wird nichts mit der Versetzung.“

14. Kapitel:

# Martin braucht einen Freund

Zu Hause wirft sich Martin auf sein Bett und schaltet den Fernseher ein. Heute ist sein trainingsfreier Nachmittag. Aber er kann ihn nicht genießen. Zu viel geht ihm im Kopf herum.

Jetzt vermisst er einen echten Freund. Einen, mit dem er besprechen kann, was er machen soll. Aber da gibt es niemanden … Vielleicht Jan, der Klassenbeste? Gut, er lässt ihn immer abschreiben. Aber ist er deshalb ein Freund? Kann Martin ihm sein Geheimnis anvertrauen? Jetzt bedauert er, dass er sich nicht öfter mit Jan getroffen hat.

Jan hat ein paarmal gefragt: „Hast du Lust, bei mir vorbeizukommen?“ Aber Martin hat immer abgelehnt, sogar wenn er ausnahmsweise mal Zeit hatte. Seine Fußballkumpel haben ihm gereicht.

Einmal ist Martin mit Jan zu einem Fußballspiel gegangen. Wenn Martin ein Spiel hat, kommt er ab und zu zum Zuschauen.

Ob Jan ihm helfen kann? Aber was denkt er wohl, wenn Martin ihm alles erzählt? Jan bewundert Martin. Aber damit ist es wohl vorbei, wenn er die ganze Wahrheit weiß. Und: Was könnte Jan schon gegen Mandy und ihre Bande unternehmen?

Nein! Mit Jan kann Martin nicht über Mandy reden. Irgendwie muss er da allein durch …

Stunden später liegt Martin noch immer auf seinem Bett und bedauert sich selbst. Was soll er nur tun?

Auf einmal hat er eine Idee. Mandy hat ihn selbst darauf gebracht: Wenn Martin ihr das Fahrrad gibt, kann er es als gestohlen melden. Er hat einen Fahrradpass. Darin stehen die Marke, die Farbe und die Gestellnummer. Irgendwann wird die Polizei das Fahrrad finden. Notfalls kann Martin ein bisschen nachhelfen. Und dann wird Mandy als Diebin überführt! Das kann sie nicht riskieren. Er muss sofort mit ihr reden!

„Mandy ist nicht da", sagt ihr Vater am Telefon. „Bist du ein Freund von ihr?"

„Äh – nicht direkt", stottert Martin. „Ich bin in ihrer Klasse. Ich muss sie dringend sprechen."

„Vielleicht ist sie ja auf dem Bauplatz in der Hochhaussiedlung. Da trifft sie sich oft mit ihren Freundinnen."

15. Kapitel:

# Die Viererbande schlägt zu

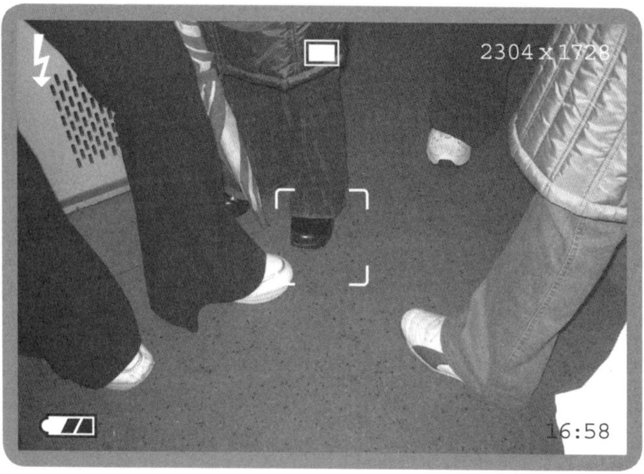


Es ist später Nachmittag. Martin fährt mit dem Fahrrad zum Bauplatz. Er schließt das Rad ab und geht zu Fuß über den leeren Platz. Dort stehen drei Bretterbuden.

Martin hört laute Stimmen. Sie kommen aus einer der Hütten. Er schleicht näher heran. Durch einen Spalt blickt er hinein. Da sind sie: Mandy und ihre Freundinnen! Die vier Mädchen sitzen im Kreis und rauchen.

Jetzt erst sieht Martin einen zusammengekrümmten Körper in der Mitte des Kreises. Er erkennt ein Büschel langer Haare … Ein Mädchen! Es legt die Arme schützend um den Kopf. Uli stößt mit dem Fuß gegen die Beine des Mädchens. Es bewegt sich und stöhnt leise.

„Los jetzt!“, sagt Uli. „Rück das Geld raus! Oder willst du die ganze Nacht hierbleiben?“ Uli tritt wieder zu, diesmal stärker. Das Mädchen schreit auf. Uli lacht, die anderen lachen laut mit.

Martin läuft es kalt den Rücken herunter. Das hätte er Uli nicht zugetraut!

„Hab kein Geld mehr!“, flüstert das Mädchen mit einer dünnen Stimme.

„Du Arme!“, sagt Patty. „Haben wir dir nicht drei Tage Zeit gegeben? Jetzt musst du wohl noch ein bisschen hierbleiben und nachdenken.“

Patty steht auf und geht nach draußen.

Ihre drei Freundinnen folgen ihr. Aber vorher gibt jede dem Mädchen noch einen Fußtritt. Martin drückt sich gegen die Rückwand der Bude. Die Viererbande schiebt einen dicken Stein vor die Tür. Lachend ziehen sie ab, ohne Martin zu bemerken.

Martin wartet, bis die vier weg sind. Er braucht seine ganze Kraft um den Stein wegzuschieben. Endlich kann er die Tür öffnen.

Das Mädchen liegt bewegungslos auf dem Boden und stöhnt leise. Martin schätzt sie auf etwa zwölf Jahre. Er kniet sich neben sie. Leise sagt er: „Ganz ruhig. Es ist vorbei.“ Vorsichtig hebt sie den Kopf.

„Bist du okay?“, fragt Martin. Er blickt in zwei riesengroße, ängstliche Augen.

„Ja“, antwortet sie. „Sind sie weg?“

Martin nickt. „Ja. Und wir sollten jetzt auch verschwinden.“ Er schaut durch die Tür nach draußen. Niemand ist zu sehen.

Die beiden gehen hinaus. Er macht die Tür zu und schiebt den schweren Stein wieder davor.

Martin und das Mädchen gehen über den Bauplatz zu Martins Fahrrad. Das Mädchen humpelt leicht.

„Erpressen sie dich?“, fragt Martin.

„Sie sagen, sie kümmern sich um die Sicherheit auf dem Schulweg“, antwortet sie. „Wer nicht zahlt, wird zusammengeschlagen. In meiner Klasse zahlen viele, damit sie in Ruhe zur Schule gehen können.“

„Aber warum sagst du deinen Eltern nichts?“

„Uli sagt, dann vergiften sie meinen Hund.“

„Das glaub ich nicht!“, ruft Martin.

„Hast du eine Ahnung!“, sagt das Mädchen. „Genau an dem Tag, als meine Freundin sich geweigert hat zu zahlen, ist ihre Katze verschwunden …“

Plötzlich ruft sie: „Achtung!“ Sie springt hinter einen Busch und – weg ist sie!

Martin ist viel zu verblüfft um zu reagieren. So läuft er Mandy genau in die Arme.

„Was machst du denn hier?“, fragt Mandy. Sie ist mindestens so überrascht wie er.

„Ich … ich … hab dich gesucht“, stottert Martin.

Mandy sieht ihn misstrauisch an. „Verfolgst du mich etwa?“, fragt sie.

„Nee“, sagt Martin, „ich bin gerade erst … vor zwei Minuten … also …“

„Jaja, schon gut“, unterbricht ihn Mandy. „Was willst du von mir?“

„Es gibt da ein Problem mit meinem Fahrrad. Es ist bei der Polizei registriert, mit Gestellnummer und so. Wenn ich den Diebstahl melde, wirst du verhaftet.“

Mandy lacht nur. „Keine Sorge. Ich kenn jemanden, der spritzt das Fahrrad um. Eine neue Gestellnummer kriegt es auch. Also, morgen in der Schule übergibst du's mir, klar? Wenn nicht, werde ich Herrn Borchert alles erzählen."

Martin macht sich schnell davon. Sobald Mandy merkt, dass die Bretterbude leer ist, weiß sie, dass er das Mädchen befreit hat. Und dann hat er ein weiteres Problem!

16. Kapitel:

# Alles zu spät?

In dieser Nacht kann Martin nicht schlafen. Er wälzt sich von einer Seite auf die andere. Erst gegen Morgen schläft er ein. Er träumt von Mandy. Sie steht neben seinem Fahrrad und hält einen Fußball in der Hand.

„Fahrrad oder Fußball?“, ruft sie. „Entscheide dich!“

„Ich kann nicht!“, schreit Martin. „Lass mich in Ruhe!“

Er schreckt hoch und ist mit einem Schlag hellwach.

Ohne zu frühstücken, fährt er zur Schule. Am Fahrradständer schließt er sein Rad ab und wartet auf Mandy. Sie ist nirgends zu sehen.

Martin gibt auf. Er geht zu seinem Klassenraum. Vor der Tür stehen Mandy und Herr Borchert. Sie unterhalten sich.

‚Alles zu spät!', denkt Martin. Aber Mandy wollte doch erst in der Pause mit Herrn Borchert reden. Er war doch rechtzeitig an den Fahrradständern. Er versteht nicht, was los ist.

Martins Beine zittern. „Mandy!", schreit er. „Warte!" Keuchend holt Martin Luft. Er will noch etwas sagen. Aber ihm wird plötzlich schwarz vor Augen. Er fällt auf den Boden.

Als Martin aufwacht, findet er sich auf einer Liege im Krankenzimmer wieder und Herr Borchert beugt sich über ihn.

„Was ist denn los?“, fragt Martin verwirrt.

„Du bist in Ohnmacht gefallen“, sagt Herr Borchert. Er sieht nicht wütend oder ärgerlich aus, sondern nur besorgt. Martin atmet auf. Noch mal gutgegangen! Mandy scheint nichts verraten zu haben.

„Du bleibst jetzt noch eine Weile liegen. Ich muss in den Unterricht, aber die Schulsekretärin schaut zwischendurch nach dir.“

Martin ist übel. Aber er hat auch Hunger. Schließlich hat er noch nichts gegessen. Die Sekretärin bringt ihm ein Butterbrot.

Bis zur großen Pause hat Martin sich so weit erholt, dass er nach Hause gehen darf. Vorsichtshalber soll Jan ihn begleiten. „Bist du mit dem Rad da?“, fragt er. Martin nickt.

Er sucht nach dem Fahrradschlüssel. Aber der ist nicht mehr da. Weder in seiner Hosentasche, noch auf dem Flur, wo Martin umgekippt ist.

Martin durchwühlt nochmals seine Taschen. Nichts. Plötzlich hat er einen Verdacht. Er rennt durch den Flur, die Treppe hinunter, über den Schulhof zu den Fahrradständern. Sein Fahrrad ist weg!

Martin setzt sich auf den Boden. Ihm ist schon wieder schwindelig.

Jan kommt angelaufen. „Spinnst du?“, keucht er. „Erst liegst du da wie tot und dann rennst du wie ein Verrückter!“

„Mein Fahrrad ist weg.“ Plötzlich laufen Martin die Tränen herunter.

„Bist du denn sicher, dass es hier stand? Oder hast du vielleicht vergessen, es abzuschließen?“

Martin schüttelt den Kopf. Er weiß Bescheid: Mandy hat das Fahrrad! Sie muss ihm den Schlüssel abgenommen haben, als er ohnmächtig auf dem Boden lag. Er hasst sie so sehr!

Martin weiß nicht, was er getan hätte, wenn er nicht in Ohnmacht gefallen wäre. Hätte er Mandy das Rad gegeben? Aber das ist jetzt egal.

„Wo ist sie?", fragt er.

„Wer?"

„Mandy! Ich muss mit ihr reden."

Jan schaut ihn verwundert an. „Glaubst du, sie hat das Rad geklaut?"

Martin schüttelt den Kopf. „Geklaut" ist nicht das richtige Wort.

„Mandy hatte Bauchweh", erklärt Jan. „Der Borchert hat sie nach Hause geschickt."

„Bauchweh!" Martin sagt das so verächtlich, dass Jan ihn wieder erstaunt ansieht. Wahrscheinlich ist sie längst auf dem Weg zu ihrem Bekannten. Der spritzt jetzt das Fahrrad um und ändert die Gestellnummer. Da ist nichts mehr zu machen.

Jan begleitet Martin nach Hause. Martin legt sich sofort ins Bett. Ihm ist noch immer ein bisschen schlecht. Er zieht sich die Decke über den Kopf. Am liebsten möchte er nie mehr aufstehen.

17. Kapitel:

# Mandy hat einen Sponsor

An diesem Nachmittag trainiert die Mannschaft ohne Martin. Er liegt traurig im Bett.

Dass er heute nicht Fußball spielen kann, ist schon schlimm genug für ihn. Noch viel schlimmer ist es aber, dass Mandy wahrscheinlich genau in diesem Moment mit seinem Fahrrad durch die Gegend fährt. Martin könnte heulen und schreien vor Wut.

Als Martin am nächsten Tag zur Schule geht, trifft er Mandy. Sie hat sein Fahrrad dabei. Aber es ist fast nicht wiederzuerkennen. Es ist komplett rosa! Martin hat noch nie ein so scheußliches Fahrrad gesehen. Und das liegt wohl nicht nur an der Farbe.

Aber Mandy ist stolz darauf und führt allen ihr neues Fahrrad vor.

„Hast du im Lotto gewonnen?“, fragt jemand. Denn alle wissen, dass Mandy eigentlich kein Geld hat.

„Ich habe einen großzügigen Sponsor“, meint Mandy grinsend.

„Da stimmt doch was nicht“, flüstert Jan Martin zu. „Ist doch seltsam, dass sie ausgerechnet seit dem Tag ein neues Fahrrad hat, an dem deins verschwunden ist.“

Als Martin nachmittags wieder zum Training geht, fragt ihn der Trainer: „Bist du wieder fit?“ Martin nickt.

„Du weißt, wie viel ich von dir halte, Martin“, fährt der Trainer fort. „Aber in letzter Zeit hast du nachgelassen. Ich habe vorsichtshalber Karim als Ersatz für dich vorgeschlagen. Falls du ausfällst …“

Die Worte seines Trainers treffen Martin wie ein Schlag. Er ist so kurz vor dem Ziel! Und jetzt kann er noch alles verlieren. Und schuld daran ist nur Mandy!

Martin ist so wütend auf sie, dass er abends mit beiden Fäusten auf sein Kopfkissen einschlägt.

18. Kapitel:

# Martin in der Abseitsfalle

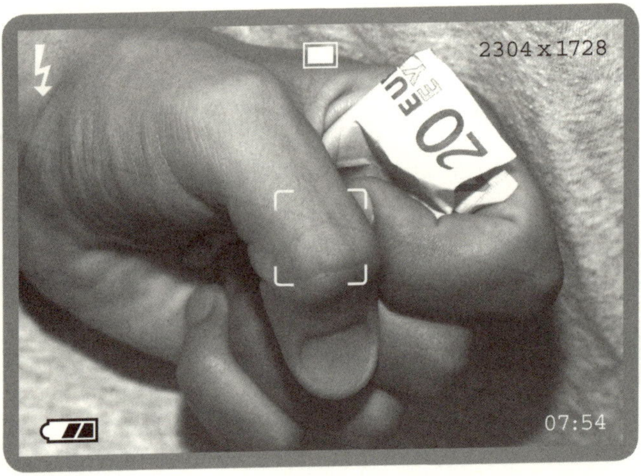


Mandy hat das rosa Fahrrad jetzt immer dabei.

„Ob sie es auch mit ins Bett nimmt?“ Die ganze Klasse macht sich über sie lustig. Nur Martin kann nicht lachen. Jedes Mal, wenn er Mandy mit seinem Rad sieht, gibt ihm das einen Stich. Sie hat bekommen, was sie wollte. Er hofft, dass sie ihn jetzt wenigstens in Ruhe lässt.

Noch zwei Wochen bis zum Spiel in München! Alle Beteiligten sind gespannt. Die Vorfreude wächst mit jedem Tag. Nur bei Martin kommt keine Freude auf.

Obwohl Mandy und ihre Freundinnen ihn in Ruhe lassen, kann er sich nicht aufs Fußballspielen konzentrieren.

Jedes Mal, wenn sie auf „ihrem" Fahrrad an ihm vorbeifährt, steigt eine ungeheure Wut in ihm hoch. Am liebsten würde er sie vom Fahrrad ziehen, in den Dreck werfen und … Aber Martin weiß genau, dass er das nicht tun wird.

Eigentlich könnte er Mandy endlich vergessen. Sie lauert ihm nicht mehr beim Fahrradständer auf und sie sitzt nicht mehr am Spielfeldrand. Und doch ist sie bei jedem Spiel dabei. Sie sitzt fest in seinem Kopf. Wie lange wird sie sich mit dem Fahrrad zufriedengeben? Wann kommt sie mit neuen Forderungen? Vor dem Spiel in München?

Martin hat Angst. Manchmal, wenn er vor dem Tor steht, hat er Mandys Gesicht vor Augen. „Viele Grüße von Borchert!“, sagt sie.

Martin merkt selbst, dass er schlecht spielt. Und je schlechter er wird, desto besser kommt Karim ins Spiel. Es überrascht Martin nicht, als der Trainer ihn beiseite nimmt und fragt: „Martin, was ist bloß los? Irgendwas stimmt doch nicht.“

Einen Moment überlegt Martin, ob er ihm die Wahrheit sagen soll. Aber nur einen Moment. Dann schüttelt er den Kopf. Ihm kann niemand helfen.

„Hast du ein Problem mit Mandy?“, fragt Jan Martin. Die beiden sind auf dem Weg von der Schule nach Hause.

„Nee, wie kommst du darauf?“, fragt Martin erschrocken zurück.

„Ich dachte nur so …“ Jan bricht ab.

Er sieht Martin von der Seite an, aber Martin weicht seinem Blick aus.

„Mandy ist gefährlich“, sagt Jan.

Martin lacht bitter. Wenn einer weiß, wie gefährlich sie ist, dann doch wohl er.

Jan schaut auf den Boden. Leise fährt er fort: „Sie hat versucht, mich zu erpressen.“

Martin zuckt zusammen.

„Sie wollte Geld, damit sie mich nicht bei meiner Mutter verpetzt“, erzählt Jan. „Weißt du noch? Der Schulausflug zum Eisstadion … Ich bin nicht mitgefahren.“

„Du warst doch krank“, sagt Martin.

Jan schüttelt den Kopf. „Nein, da hab ich geschwänzt. Ich kann nicht Eislaufen. Deshalb bin ich in die Stadt gefahren. Am Nachmittag hat mich Mandy gesehen. Sie wollte einen Euro von mir. Sonst hätte sie mich verpetzt. Ich hab gezahlt. ‚Was ist schon ein Euro?‘, hab ich gedacht. Dann wollte sie zwei Euro. Dann drei. Kein Ende in Sicht.“

Jan holt tief Luft. Die Worte sind aus ihm herausgesprudelt. Er ist froh, endlich alles zu erzählen.

„Und jetzt? Zahlst du immer noch?“ Das ist es, was Martin am meisten interessiert: Ist Jan da rausgekommen? Und wenn ja, wie?

Jan lacht. „Nee, ich zahle schon lange nicht mehr. Irgendwann habe ich es nicht mehr ausgehalten und meiner Mutter erzählt, dass ich geschwänzt habe. Natürlich war sie erst mal sauer. Aber dann hat sie Mandy gesagt, dass sie Bescheid weiß. Und dass sie zur Polizei geht, wenn Mandy nicht aufhört. Seitdem ist Ruhe.“

Schweigend gehen die beiden bis zu Martins Haus.

„Soll ich mit raufkommen?“, fragt Jan.

Martin schüttelt den Kopf. „Nein, lass mal. Ich muss nachdenken.“

„Ich weiß nicht, was bei dir los ist“, sagt Jan zum Abschied, „aber wenn du etwas

Ähnliches erlebst … mit Mandy, meine ich … dann … Egal, was du gemacht hast … Du musst es sagen. Von selber hört Mandy nie auf!“

19. Kapitel:

# In der Zwickmühle

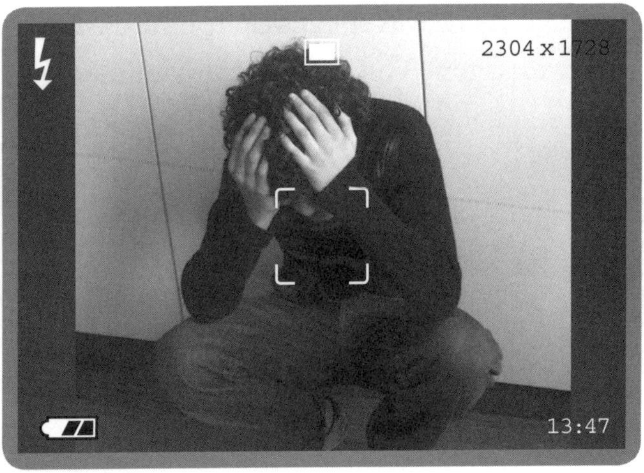


Martin ist sehr nachdenklich, als er die Wohnungstür öffnet. Hat Jan recht? Wird es kein Ende nehmen? Wahrscheinlich nicht. Wahrscheinlich hört es nie auf.

Aber bei Jan war alles einfacher. Er hat nicht so was Schlimmes gemacht wie Martin. Und es ging nur um fünf Euro. Martin jedoch hat sich durch Betrug eine gute Note besorgt. Er hat seine Mutter beklaut. Er hat bei der Polizei falsche Angaben über den Diebstahl seines Fahrrads gemacht. Und sein Vater hat Martins Lügen bestimmt schon an die Versicherung gemeldet. Vielleicht bekommt der auch eine Anzeige, wegen Versicherungsbetrug.

Martin wird ganz schlecht, als er sich überlegt, was inzwischen alles passiert ist. Und das nur, weil Mandy an dem Tag zwei Minuten zu früh in die Klasse gekommen ist … Oder? Ist das wirklich der Grund, dass er jetzt in der Klemme steckt?

Nein, es ist nicht allein Mandys Schuld. Er ist selbst schuld daran. Weil er nur noch Fußball im Kopf hatte. Weil er keine Zeit zum Lernen hatte. Und weil er betrogen hat, um Fußball und Schule unter einen Hut zu bringen …

Es stimmt, was Jan gesagt hat: Wenn Martin aus seiner Zwickmühle heraus will, muss er die Wahrheit sagen. Aber dann darf

er nicht an dem Länderspiel in München teilnehmen … Und dazu noch die große Enttäuschung seiner Eltern, seines Trainers, seines Lehrers … Und Mandys Sieg!

Nein, bis zum Spiel muss Martin durchhalten. Er muss tun, was Mandy von ihm verlangt. Aber danach wird er alles gestehen. Auch wenn er dann nicht versetzt wird. Ja, er wird zu Herrn Borchert gehen! Aber erst nach dem Spiel. Und dann hat Mandy keinen Grund mehr, ihn zu erpressen.

Jetzt ist Martin ein bisschen beruhigt. Er weiß, was er zu tun hat. Er legt sich aufs Bett und schläft nach wenigen Minuten ein.

20. Kapitel:

# Dann musst du eben klauen!

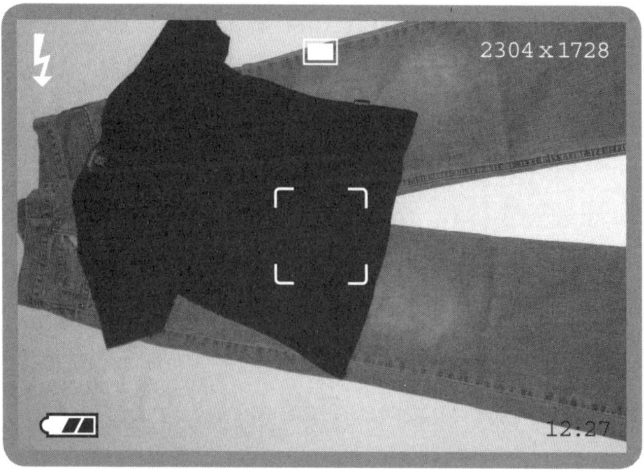


Am Abend ruft Mandy an. Martin will nicht mit ihr reden, aber seine Mutter drückt ihm den Hörer in die Hand.

„So ein nettes Mädchen. Sie möchte dich was wegen Mathe fragen“, flüstert sie.

Martin hofft, dass Mandy das nicht hört. Von wegen „nettes Mädchen“!

„Na, wie geht's?“, will Mandy wissen.

„Geht so“, sagt Martin knapp.

Sobald er Mandys Stimme hört, fühlt er sich gleich ein bisschen schlechter.

„Kommst du morgen in die Schule?“, fragt Mandy. „Wir haben was zu besprechen.“

Martin weiß: Das hat nichts Gutes zu bedeuten! „Ja“, antwortet er nur.

„Okay, dann bis morgen!“, sagt Mandy.

Am nächsten Tag lässt Mandy Martin den ganzen Tag zappeln. Erst nach der Schule spricht sie ihn an: „Hör zu: Am Samstag ist eine Party. Und ich brauche dafür noch ein paar Sachen …“ Sie sieht ihn erwartungsvoll an. Martin schweigt.

„Muss ich deutlicher werden?“, fragt Mandy. „Ich brauch ein schwarzes T-Shirt, eine neue Hose und eine neue Sonnenbrille.“ Martin schweigt weiter.

„Hey, ich rede mit dir!“, ruft Mandy. „Die Sonnenbrille, die ich will, kostet 100 Euro. Und die will ich von dir!“

„100 Euro? Bist du verrückt? Woher soll ich 100 Euro nehmen?“

Mandy lacht. „Das ist nicht mein Problem. Du kriegst doch bestimmt jede Menge Prämien.“

Martin schluckt. Es hat keinen Sinn, ihr zu erklären, dass er Amateur ist und mit dem Fußballspielen noch kein Geld verdient.

„Also, Martin: Entweder du rückst die Kohle raus oder ich geh zu Herrn Borchert. Oder zu deinem Trainer. Oder zu beiden …“

Martin verschlägt es vor Schreck die Sprache. Wenn sein Trainer davon erfährt, schließt er ihn bestimmt aus der Mannschaft aus. Einsatz, Mut und Ehrlichkeit, das sind die Eigenschaften, die er von einem Fußballer erwartet. Und bis jetzt hat Martin ihn nie enttäuscht … Der Trainer darf nichts von seinem Betrug erfahren!

Aber 100 Euro sind einfach zu viel. Die kann Martin niemals beschaffen.

„Ich hab das Geld nicht, nicht mal zehn Euro“, sagt er. „Da kannst du noch so viel drohen!“ ‚Das ist das Ende!‘, denkt er. ‚Jetzt wird sie mich verraten.‘

„No problem!“, meint Mandy ganz locker. „Dann musst du die Brille eben klauen.“

„Was?“, ruft Martin entsetzt. „Du spinnst ja! Ich hab noch nie was geklaut!“

„Doch, die Matheaufgaben“, antwortet Mandy ruhig. „So eine leichte Veranlagung zum Klauen hast du schon, oder? Matheaufgaben oder Sonnenbrillen, wo ist da der Unterschied?“

In Martins Kopf dreht sich alles. Ladendiebstahl! Sie will, dass er in einem Laden die Sonnenbrille klaut! Aber was hat er denn erwartet? Dass sie aus Mitleid auf das Geld verzichtet? Nein, Mandy wird nicht aufgeben. Jan hat recht behalten und er kann im Moment nichts gegen sie tun.

21. Kapitel:

# Der Diebstahl

Mandy und Martin gehen ins Kaufhaus am Markt. Mandy redet die ganze Zeit. Sie erzählt sogar Witze und freut sich auf ihre Sonnenbrille.

Martin sagt fast kein Wort. Er hofft immer noch, dass irgendwas passiert. Vielleicht wird Mandy von einem Auto angefahren. Nichts Schlimmes, aber immerhin so schlimm, dass sie ins Krankenhaus muss, bis das Spiel in München vorbei ist. Aber nichts passiert.

Mandy führt Martin zu den Drehständern mit den Sonnenbrillen. Sie zeigt auf eine Designerbrille und sagt: „Das ist sie! Wie findest du die?“ Sie ist nicht Martins Geschmack und kostet wirklich 100 Euro.

„Also, du weißt Bescheid. Die will ich haben. Ich warte draußen auf dich. Wenn du erwischt wirst, kennen wir uns nicht, klar?“

Jetzt steht Martin allein vor dem Regal und schaut sich vorsichtig um. Er hat mal einen Bericht über Ladendiebe gesehen. Die sehen oft aus wie ganz normale Kunden. Martin weiß, dass es in Kaufhäusern Kameras gibt – und Detektive.

Unauffällig schlendert Martin um die Drehständer herum und tut so, als würde er sich sehr für die Sonnenbrillen interessieren. Er nimmt eine und setzt sie sich auf. Er schaut sich im Spiegel an und legt die Brille zurück. So tastet er sich immer näher an die heran, die Mandy haben will. Er nimmt sie in die Hand, setzt sie sich auf und sieht in den Spiegel.

„Na, junger Mann, kann ich dir helfen?" Martin zuckt zusammen, als eine Verkäuferin ihn anspricht.

„Äh … danke. Ich … ich weiß noch nicht, welche ich nehmen soll", stottert er. Hoffentlich merkt die Verkäuferin nicht, wie nervös er ist. Er ist bestimmt knallrot. Und sein T-Shirt unter der Jacke ist klatschnass geschwitzt.

„Wenn du Hilfe brauchst, dann sag Bescheid", meint die nette Verkäuferin. „Ein kleiner Tipp noch: Die Brille, die du da auf der Nase hast, ist eher was für Damen. Die für Herren sind da drüben."

„Danke!", bringt Martin nur heraus. Die Verkäuferin kümmert sich um eine andere

Kundin. Martin nimmt die Brille ab. Er tut so, als wolle er sie zurücklegen. Mit einem kurzen Ruck verschwindet die Brille in seinem Ärmel.

Geschafft! Als Kind hat Martin mal einen Zauberkurs gemacht. Gegenstände verschwinden zu lassen hat ihm besonders gefallen. Das mit der Sonnenbrille ist schneller und leichter gegangen, als er befürchtet hat.

„Eine leichte Veranlagung zum Klauen", hat Mandy gesagt. Er freut sich schon auf ihr Gesicht, wenn er gleich die Brille aus dem Ärmel zieht. Martin ist aufgeregt, als er zum Ausgang eilt. Fast hat er die Tür erreicht. Da hält ihm ein Mann einen Ausweis vor die Nase und sagt: „Moment mal! Zeig doch mal, was du in deinem Ärmel hast!"

Martin ist so schockiert, dass er gar nicht erst versucht zu leugnen oder wegzulaufen. Er steht nur da und lässt zu, dass der Kaufhausdetektiv die Brille aus seinem Ärmel holt.

„Na, was haben wir denn da? Eine schicke Sonnenbrille. Für 100 Euro!“ Der Detektiv pfeift. „Na, dann komm mal mit!“

Martin folgt dem Mann mit gesenktem Kopf. Trotzdem bemerkt er die neugierigen Blicke der Kunden. Sie haben alle mitbekommen, dass er ein Dieb ist.

Auch Mandy ist unter den Zuschauern. Sie gibt Martin unauffällig Zeichen, aber er reagiert nicht. Natürlich wird er sie nicht verraten. Davon hat er ja nichts. Denn dann kommt alles andere auch heraus. Aber ein bisschen Angst soll sie ruhig haben. Martin hat jetzt andere Sorgen.

22. Kapitel:

# Ein einziger Albtraum

Martin sitzt wie gelähmt im Büro des Detektivs. Er ist kreideweiß. Mechanisch beantwortet er die Fragen nach seinem Namen, seinem Alter und seiner Adresse. Er lügt nicht. Nur als der Detektiv fragt, ob er Komplizen hat, sagt er: „Ich war alleine."

Der Detektiv ruft Martins Mutter an: „Frau Hoffner? … Hier ist das Kaufhaus am Markt. Kaufhausdetektiv Neumann am

Apparat … Wir haben Ihren Sohn Martin beim Diebstahl erwischt … Ein Irrtum? Nein, ich habe ihn genau beobachtet. Eine Videoaufnahme gibt's auch noch als Beweis … Ihr Sohn sitzt mir gegenüber … Ja, von mir aus können Sie mit ihm reden."

Herr Neumann hält Martin den Hörer hin, aber Martin schüttelt nur den Kopf. Was soll er seiner Mutter sagen? Er ist ein Dieb. Da gibt es nichts zu erklären.

„Frau Hoffner?", sagt Herr Neumann. „Am besten kommen Sie vorbei und holen ihn ab. Sonst muss ich die Polizei informieren."

Martin kann das entsetzte Gesicht der Mutter vor sich sehen. Er seufzt.

Der Detektiv betrachtet ihn nachdenklich. „Das ist das erste Mal, oder? Da rufen wir nicht gleich die Polizei. Aber du hast Hausverbot. Und beim nächsten Mal …"

Martin schüttelt heftig den Kopf. Es wird kein nächstes Mal geben!

„Es tut mir leid“, sagt er leise. „Ich wollte das nicht.“

„War das eine Mutprobe?“, fragt der Detektiv freundlich. „Damit du in eine Bande aufgenommen wirst? Oder warum hast du es gemacht?“ Martin schweigt.

„Na ja, musst du selber wissen“, sagt Herr Neumann. „Aber: War das wirklich den ganzen Stress wert?“

Seine Mutter stürzt ins Büro. Ihre Augen sind ganz rot vom Weinen. Sie unterschreibt den Bericht des Detektivs.

„Er ist so ein guter Junge“, sagt sie. „Und so ein talentierter Fußballspieler. Er wird bald in München spielen. Mit der Jugend-Nationalmannschaft … Martin, ich versteh dich nicht. Warum hast du das nur gemacht?“

„Beruhigen Sie sich“, tröstet sie Herr Neumann. „Das macht er bestimmt nicht noch mal.“ Er nickt Martin zum Abschied zu.

Auf der Heimfahrt sagt die Mutter kein Wort. Als der Vater nach Hause kommt, erzählt sie ihm, was passiert ist. Auch er spricht nicht mit Martin. Er schaut ihn nur schweigend an. Schweigend und traurig. Ein einziger Albtraum!

Martin wünscht sich, seine Eltern würden schimpfen und ihn anschreien. Alles ist besser als dieses Schweigen!

Er verkriecht sich in seinem Zimmer und wartet. Aber niemand kommt. Niemand holt ihn zum Abendessen. Er hört die Stimmen seiner Eltern aus dem Wohnzimmer. Zwischendurch hört er seine Mutter weinen. Und immer wieder ihre Frage: „Warum?“

Endlich nähern sich Schritte. Sie kommen! Martin tut so, als ob er schläft. Seine Mutter sagt leise zum Vater: „Wir müssen mit ihm reden. Irgendetwas stimmt da nicht.“

23. Kapitel:

# Keine Chance für Mirko?

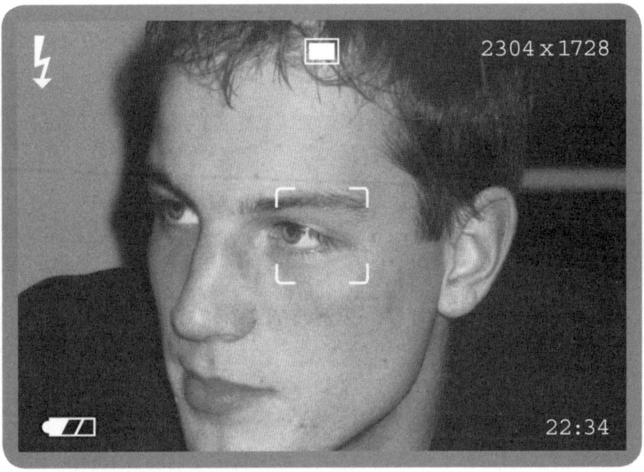


Niemand weiß, wie es mit Martin weitergegangen wäre, wenn nicht die Sache mit Mirko passiert wäre.

Mirko war 17. Er wohnte in der Nachbarstraße. Martin kannte ihn aus der Schule. Mirko hatte gerade die Schule beendet. Er freute sich schon auf seine Ausbildung zum Schreiner, aber er wird sie niemals beginnen. Denn Mirko ist tot. Er hat sich auf die Gleise im S-Bahnhof gestürzt und ist von einer S-Bahn mitgeschleift worden. Polizei und Feuerwehr haben den Bahnhof abgesperrt. Erst dachten alle, es sei ein Unfall gewesen. Aber dann kam nach und nach die ganze Wahrheit heraus.

Am nächsten Tag ist Mandy nicht in der Schule. Hat sie Angst, dass Martin sie verpetzt hat?

Herr Borchert spricht mit Martins Klasse über Mirkos Tod. Es war kein Unfall! Mirko hat sich umgebracht, weil er so verzweifelt war.

Alle sind betroffen und schweigen. Viele haben Mirko gekannt.

„Wahrscheinlich war er krank und hatte nicht mehr lange zu leben", meint jemand.

„Nein, so war es nicht", sagt Herr Borchert. „Mirko wurde erpresst!" Er schaut in die Gesichter seiner Schüler.

Will er prüfen, ob einer von ihnen mehr weiß, als er zugibt?

Die meisten sehen erschrocken aus. Jan ist nachdenklich und Martin ist so bleich, als ob er gleich wieder in Ohnmacht fällt.

„Eine Bande Jugendlicher hat Mirko seit Monaten erpresst. Sie haben gedroht, ihn zusammenzuschlagen, wenn er kein Schutzgeld bezahlt …"

„Warum hat er niemandem davon erzählt?", flüstert Martin.

„Weil er Geld geklaut hatte. Er hatte Angst, seinen Eltern das zu erzählen. Und dann sah er keinen Ausweg mehr. Er wollte endlich seinen Frieden haben … und hat sich vor die S-Bahn geworfen."

In der Klasse herrscht betretenes Schweigen. Dann fährt der Lehrer fort: „Dieses Gedicht hat man in Mirkos Schreibtisch gefunden." Er liest vor.

## *Verzweiflung*

*Um mich herum Leben*
*Ich bin nicht allein*
*Um mich herum Menschen*
*Ich bin nicht allein*

*Ich rede mit ihnen*
*Ich bin nicht allein*
*Ich lache mit ihnen*
*Ich bin nicht allein*

*Um mich herum Menschen*
*Sie berühren mich nicht*
*Um mich herum Leben*
*Es läuft an mir vorbei*

*Um meinen Körper herum Menschen*
*Ich bin gegangen*
*Um meinen Körper herum Leben*
*Mich gibt es nicht mehr*

*Ich bin nicht mehr*
*Aufgegangen in der Ratlosigkeit*
*Aufgelöst in der Einsamkeit*
*Untergegangen in der Verzweiflung*

Lange Zeit ist es totenstill in der Klasse.

„Er war schon tot, bevor er gestorben ist“, meint Martin schließlich.

Herr Borchert nickt. „Du hast recht. Mirko konnte vor lauter Angst schon vorher nicht mehr richtig leben. Er hätte mit jemandem reden müssen. So etwas kann man nicht ganz alleine klären.“

„Vielleicht hatte er zu große Angst“, sagt Martin. „Manchmal möchte man reden, aber man traut sich nicht. Oder man versucht es, und keiner hört zu.“ Er schweigt erschrocken. Hat er schon zu viel verraten?

Mirkos Tod trifft ihn tief. Aus seinem Gedicht spricht dieselbe Einsamkeit, die Martin oft empfunden hat. Von seinen

Eltern, seinen Lehrern, seinem Trainer, von Jan und von den Menschen um ihn herum war er weit entfernt:

*Um mich herum Menschen*
*Sie berühren mich nicht*
*Um mich herum Leben*
*Es läuft an mir vorbei*

Martin kann Mirkos Verzweiflung gut verstehen. Irgendwann kannst du nicht mehr klar denken. Du willst nur noch, dass es aufhört. ‚Wie weit werde ich gehen? Kann Mandy mich so weit treiben wie Mirko?' Martin erschrickt über seine eigenen Gedanken.

*Um meinen Körper herum Menschen*
*Ich bin gegangen*
*Um meinen Körper herum Leben*
*Mich gibt es nicht mehr*

24. Kapitel:

# Das Spiel ist aus

In der Klasse herrscht noch immer Schweigen. „Schade, dass Mandy nicht da ist“, sagt Jan auf einmal in die Stille hinein.

„Wieso?“, fragt Herr Borchert beunruhigt. „Was ist mit Mandy? Wird sie auch erpresst?“

„Auf jeden Fall weiß sie einiges darüber“, antwortet Jan.

Herr Borchert sieht ihn nachdenklich an. Kann es sein, dass in seiner Klasse jemand erpresst wird? Ohne dass man es merkt? Er muss unbedingt mit Mandy sprechen.

Zur großen Pause erscheint Mandy in der Schule, als sei nichts gewesen. Jedenfalls hat sie vor Martin keine Angst. Im Gegenteil! Sie geht direkt auf ihn zu: „Na, das war ja wohl nichts gestern! Anfängerpech! Aber du bekommst heute Nachmittag eine zweite Chance." Sie grinst Martin an.

Martin weicht ihrem Blick nicht aus. Da fügt sie hinzu: „Immer schön brav sein, Martin. In ein paar Tagen ist … München!" Das letzte Wort trällert sie ein paarmal vor sich hin.

In diesem Moment passiert es! Martin sieht in Mandys lachendes Gesicht und erkennt: Er wird niemals in München Erfolg haben, wenn er weiter nach Mandys Regeln spielt. Sie wird nicht damit aufhören, ihn zu erpressen. Aus lauter Angst wird Martin so schlecht spielen, dass der Trainer ihn gegen Karim auswechseln wird. Falls er nicht sowieso von Anfang an Karim einsetzt, statt Martin.

Wenn Martin alles gesteht, wird er wahrscheinlich auch nicht spielen … Aber dann braucht er wenigstens keine Angst mehr zu haben. Und vielleicht bekommt er später eine neue Chance. Eine Chance, die Mirko nie mehr haben wird …

„Das Spiel ist aus, Mandy!“, ruft Martin. Er stößt Mandy zur Seite und läuft zum Lehrerzimmer. Mandy steht fassungslos da und starrt ihm nach.

Jan hat alles beobachtet. Er rennt hinter Martin her und holt ihn ein. „Du, ich hab mir schon lange gedacht, dass sie dich erpresst. Warum hast du nicht mit mir geredet?“

„Ich wusste nicht, ob ich dir vertrauen kann“, sagt Martin. „Aber jetzt weiß ich’s!“

Er erzählt Jan kurz von seinem Betrug bei der Mathearbeit.

Als die beiden vor dem Lehrerzimmer stehen, zögert Martin. Fast verliert er jetzt doch noch den Mut.

„Los jetzt!“ Jan stößt ihn leicht nach vorn. „Ich warte hier auf dich. Jede Strafe ist besser, als sich weiter erpressen zu lassen.“

„Du hast recht!“, sagt Martin dankbar. Zitternd klopft er an die Tür. Herr Borchert öffnet. Martin bringt kein Wort heraus.

„Es ist wegen der Sache mit Mirko“, sagt Jan stattdessen.

Sofort ist Herr Borchert ganz aufmerksam. „Kommt rein!“, sagt er. „Wisst ihr etwas über die Bande, die Mirko erpresst hat? Die Polizei sucht nämlich nach den Erpressern.“

„Nicht direkt, aber es ist … es ist …“, stottert Martin. „… so ähnlich!“, ergänzt Jan. Er gibt Martin noch einen kleinen Stoß. „Na los! Jetzt kannst du nicht mehr zurück!“

Martin folgt Herrn Borchert ins Lehrerzimmer.

Jan bleibt an der Tür stehen. „Bis gleich. Ich drück dir die Daumen!“, sagt er.

25. Kapitel:

# Der Freistoß

„Ich hab die Matheaufgaben aus Ihrer Tasche geklaut!“, sprudelt Martin hervor. Er holt tief Luft. So, das Schlimmste ist raus!

Herr Borchert versteht kein Wort. „Welche Aufgaben? Ich dachte, du willst mir etwas über die Erpressungen erzählen?!“

„Will ich ja auch!“, antwortet Martin. „Ich werde erpresst, von Mandy. Aber es ist alles meine Schuld. Wenn ich die Aufgaben nicht geklaut hätte … Aber dann hätte ich nicht in München spielen können …“ Martin bricht ab.

„Jetzt mal ganz langsam, ganz von vorn“, beruhigt ihn Herr Borchert. Es dauert eine Weile, bis Martin die ganze Geschichte vom Anfang bis zum Ende erzählt hat. Martin schont sich nicht. Er lässt nichts aus. Auch nicht den Ladendiebstahl.

„Mandy hätte nie aufgehört. Und vielleicht hätte ich irgendwann dasselbe gemacht wie Mirko“, beendet Martin seine Erzählung.

Herr Borchert geht im Lehrerzimmer auf und ab. Auf und ab. Er sagt nichts. Was wird er jetzt tun? Martin wartet ängstlich. Schließlich bleibt der Lehrer vor ihm stehen.

„Ich bin froh, dass du den Mut hattest, zu mir zu kommen“, sagt er. „Wegen Mandy und der Viererbande brauchst du dir keine Sorgen mehr zu machen. Um die kümmere ich mich. Aber wir werden heute Nachmittag eine Lehrerkonferenz halten. Da muss ich die ganze Geschichte wohl erzählen …“

Martin nickt. Er weiß, dass er jetzt die Versetzung nicht schaffen wird.

„Ich bin sehr enttäuscht“, fährt Herr Borchert fort. „Nicht nur, weil du an meiner Tasche warst. Es macht mich viel trauriger, dass du nicht früher zu mir gekommen bist. Dein Talent sollte man fördern! Aber nur so, dass du auch die Schule schaffst. Wir hätten doch eine Lösung gefunden, zusammen mit deinen Eltern …“ Ein wenig hilflos sieht der Lehrer Martin an.

Martin weiß nicht, was er sagen soll. Hinterher ist man immer schlauer!

„Was ist eigentlich mit Jan?“, fragt Herr Borchert. „Wird der auch erpresst?“

„Jetzt nicht mehr. Aber Mandy hat ihn auch erpresst. Weil er einmal geschwänzt hat. Aber er hat es gleich seiner Mutter gesagt.“

Herr Borchert holt tief Luft. „Und all das ist in meiner Klasse passiert, ohne dass ich auch nur das Geringste geahnt habe.“

„Mandy und ihre Bande erpressen noch mehr Leute.“ Jetzt erzählt Martin auch die Geschichte von dem Mädchen, das er aus der Bretterhütte befreit hat.

„Unglaublich!“, meint Herr Borchert. „Da tyrannisiert so eine Bande einen ganzen Stadtteil. Und niemand sagt etwas.“

„Ich hab jedes Mal gehofft, jetzt hat sie genug und hört auf“, erklärt Martin. „Aber sie wäre wohl immer weitergegangen.“

Herr Borchert schickt Martin in den Unterricht zurück. „Sprich vorläufig mit niemandem, vor allem nicht mit Mandy. Geh ihr aus dem Weg. Ich werde heute Abend nach der Konferenz noch bei dir vorbeikommen. Dann besprechen wir, wie es weitergeht. Bis dahin solltest du deinen Eltern alles erzählen.“

Martin nickt. „Das wird noch schwieriger“, sagt er leise.

„Kopf hoch, Martin. Wir finden schon einen Weg.“

Jan wartet im Flur. Er fragt nicht viel. Er ist einfach nur da. Und Martin fühlt sich nicht mehr so allein.

„Egal, welche Strafe du bekommst: Die Angst ist vorbei – und Mandy hat keine Macht mehr über dich“, sagt Jan.

26. Kapitel:

# Martin macht sein Spiel

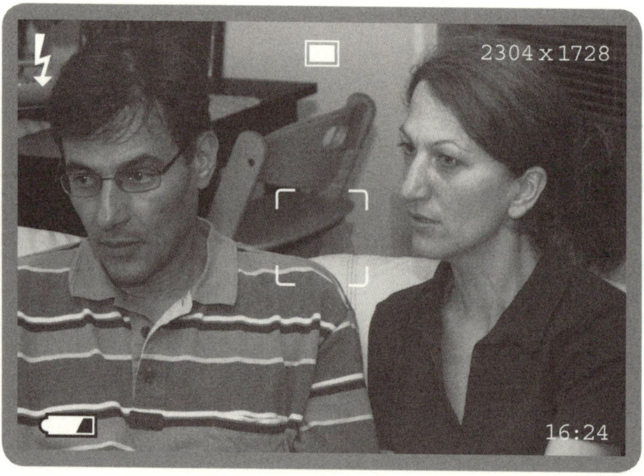


Am Nachmittag wartet Martin ungeduldig, bis beide Eltern zu Hause sind. Er weiß genau, dass in diesem Moment die Lehrer an der Schule über ihn reden. Wie werden sie entscheiden?

Und was ist mit Mandy? War die Polizei schon bei ihr? Hat sie mit ihrer Viererbande auch Mirko erpresst? Martin traut es den Mädchen zu.

„Ich muss mit euch reden!“, sagt Martin entschlossen zu seinen Eltern.

„Hat das nicht bis nachher Zeit?“, fragt seine Mutter.

„Nein, ich muss *jetzt* mit euch reden. Gleich kommt Herr Borchert.“

„Herr Borchert? Wieso das denn?“ Die Eltern sind alarmiert. Sie setzen sich aufs Sofa und hören Martin zu.

Anfangs zittert seine Stimme vor Aufregung. Aber je länger er erzählt, desto ruhiger wird er. Es ist wie bei einem Fußballspiel: Wenn man deutlich hinten liegt und der Schiedsrichter jeden Moment abpfeift, kann man nichts mehr ändern. Augen zu und durch! Heute eine Niederlage, morgen ein Sieg …

Heute ist der Tag seiner großen Niederlage. Das Ende seiner Fußballerträume – aber auch das Ende seiner Angst.

Als Martin fertig ist, herrscht Schweigen. In den Gesichtern seiner Eltern liest Martin

Entsetzen und Enttäuschung, aber auch Erleichterung. So war das auch bei Herrn Borchert.

„Hattest du denn kein Vertrauen zu mir?“, fragt die Mutter schließlich. „Ich hab dich doch immer gefragt, wie es in der Schule so läuft.“

„Ich bin nur froh, dass ich jetzt weiß, warum du die Brille geklaut hast“, sagt der Vater. „Mein Sohn, ein Dieb – der Gedanke hat mich ganz krank gemacht. Und beinahe hätte ich dein Fahrrad bei der Versicherung als gestohlen gemeldet. Gut, dass ich die Papiere noch nicht abgeschickt habe.“

Bei beiden siegt die Erleichterung, dass Martin endlich geredet hat. Mirkos Tod hat auch sie schockiert. Wer weiß, was Martin unter dem Druck noch alles getan hätte …

Am Abend erscheint Herr Borchert. Zuerst teilt er Martin und seinen Eltern mit, dass

Mandy, Patty, Uli und Claudia vorläufig nicht mehr zur Schule kommen dürfen. Sie sind alle über 14 und damit strafmündig. Die Polizei wird sie verhören. Auch Martin und Jan werden verhört, als Zeugen.

„Hoffentlich werden die Mädchen ins Gefängnis gesteckt", sagt die Mutter empört. „Ich möchte nicht wissen, wen sie alles erpresst haben."

„Ins Gefängnis kommen sie wohl nicht", meint Herr Borchert. „Wahrscheinlich müssen sie ein paar Wochen Sozialarbeit leisten, im Altenheim oder bei den Obdachlosen."

„Und die Opfer?", fragt der Vater. „Müssen die weiter in Angst leben?"

Herr Borchert zuckt mit den Schultern. „Tja, auch die vier Täter sind noch Jugendliche. Und ob das Gefängnis bessere Menschen aus ihnen machen würde, ist bestimmt auch fraglich."

Martin rutscht unruhig auf seinem Sessel hin und her. Jetzt wird der Lehrer sagen, was mit ihm passiert. Endlich!

„Martin war erpressbar, weil er so unter Druck stand“, meint der Vater.

„Stimmt. Und daran war er nicht alleine schuld“, stimmt Herr Borchert zu. „Darum haben wir in der Konferenz entschieden, dass er durch seine Angst genug bestraft ist. Aber die letzte Mathearbeit muss mit Sechs bewertet werden. Damit hat Martin die Versetzung nicht geschafft.“

Martin nickt. Das hat er schon geahnt.

„Aber nach den Sommerferien bekommst du eine zweite Chance: eine Nachprüfung in Mathe. Schaffst du die mit ‚Befriedigend‘, wirst du nachträglich versetzt.“

„Wir werden sofort einen Nachhilfelehrer organisieren!“, sagt die Mutter aufgeregt.

„Ich denke, wir lassen Martin jetzt erst einmal sein Spiel machen. Lernen kann er danach, in den Ferien“, meint Herr Borchert. Er zwinkert Martin zu.

„Das heißt, ich darf fahren?“, fragt Martin atemlos.

„Ja, Martin, es bleibt dabei: Von der Schule aus darfst du fahren“, sagt Herr Borchert. „Aber das bleibt natürlich eine Ausnahme. Wir können dich in Zukunft nicht vom Unterricht befreien, wenn deine Leistungen nicht stimmen. Du musst im nächsten Schuljahr …“

Aber Martin ist schon ganz woanders mit seinen Gedanken. Er darf fahren! Das nächste Schuljahr ist noch weit weg. Er wird in den Ferien jeden Tag lernen und die Nachprüfung schaffen. Da ist er ganz sicher. Vielleicht übt ja auch Jan mit ihm. Dann macht es mehr Spaß!

„Was du deinem Trainer erzählst, ist deine Entscheidung“, hört Martin Herrn Borchert sagen.

27. Kapitel:

# Martin schießt sich frei

Martin überlegt. Ist es nötig, dass er seinem Trainer die Wahrheit sagt?

Seine Eltern sind dagegen. Sie wollen die ganze Sache schnell vergessen und keinen Ärger riskieren. Aber sie überlassen Martin die Entscheidung.

Jan dagegen meint: „Ganz oder gar nicht! Jetzt kannst du auch richtig reinen Tisch machen."

Und das tut Martin. Auch Herr Pape ist erst einmal sprachlos vor Entsetzen. Schließlich meint er: „Ich kann es kaum glauben. Ausgerechnet du? Diebstahl! Erpressung! Wie bist du da hineingeraten?“

Martin schweigt. Wird der Trainer ihn aus der Mannschaft werfen und die Empfehlung für das Münchenspiel zurücknehmen? Schließlich hat er oft gesagt: „Für mich zählt nicht nur das Talent am Ball, sondern genauso der Charakter.“

„Eigentlich müsste ich ja …“, fängt Herr Pape an.

Martin hält die Luft an.

„Aber du bist der beste Stürmer, den wir haben, Martin. Ich werde deine Meldung nicht zurückziehen. Aber wenn du das nächste Mal Probleme in der Schule hast, sag es ehrlich. Mir ist lieber, du versäumst ein Trainingslager oder ein Auswärtsspiel, als dass so etwas noch mal passiert.“

Endlich ist es so weit! Am Samstag läuft Martin mit seinen Teamkollegen in die Münchner Fußballarena ein: Deutschland gegen England, das große Spiel der „U 15“!

„Im Sturm: Martin Hoffner“, verkündet der Stadionsprecher. Die Zuschauer jubeln ihm zu. Martin winkt hinauf zur Tribüne. Dort sitzen seine Eltern und winken zurück. Und neben ihnen sitzt Jan.

Der Schiedsrichter pfeift das Spiel an. Martin ist aufgeregt. In den ersten Minuten verliert er gleich zweimal den Ball an seinen englischen Gegenspieler.

Aber dann, nach einer halben Stunde, kommt seine große Chance. Er fängt den Pass eines Engländers ab, rennt in Richtung Tor, umspielt zwei gegnerische Abwehrspieler – und steht direkt vor dem Torwart.

Für einen kurzen Moment stoppt er. Dann holt er weit aus, zielt – und schießt den Ball genau in den linken Winkel. Unhaltbar! Tor!

„1:0 für Deutschland“, verkündet der Stadionsprecher, „durch ein Tor vooooon Martin …“

„Hoffner!“, rufen die Zuschauer begeistert.

Die Mannschaftskameraden umarmen Martin. Der Jubel kennt keine Grenzen – und er gilt ihm!

„… Martin Hoffner, die große Stürmer-Hoffnung des deutschen ‚U 15‘-Teams“, hört er aus den Lautsprechern.

In diesem Moment weiß Martin, dass Mandy tatsächlich keine Macht mehr über ihn hat. Er hat sich freigeschossen!

Leseprobe aus:

# Carolin Philipps, Die Mutprobe

Schulausgabe (light) erschienen im
Hase und Igel Verlag, Garching b. München
ISBN 978-3-86760-076-7
Begleitmaterial für Lehrkräfte
ISBN 978-3-86760-376-8

Kristina bleibt verwirrt zurück. Was ist das für eine Mutprobe?

Bestimmt etwas Gefährliches und Verbotenes. Irgendetwas ansprayen. Vielleicht das Polizeigebäude? Oder etwas klauen. Sie hat noch nie mitbekommen, dass Tobias etwas geklaut hat. Aber sie glaubt auch nicht, dass er, Sven und Patrick die vielen Sprühdosen, die sie verbrauchen, kaufen können. Geld haben die drei nie.

Etwas anderes fällt ihr nicht ein. Den ganzen Nachmittag grübelt Kristina. Die Zeit vergeht nur sehr langsam. Schon um sechs Uhr ist sie fertig angezogen. Ganz dunkel, wie Tobias gesagt hat: schwarze Jeans, brauner Rollkragenpullover, schwarze Jacke mit Kapuze.

Je näher der Uhrzeiger auf acht Uhr vorrückt, desto aufgeregter wird Kristina. Selbst die Mutter spürt etwas von dieser Stimmung, als sie um kurz vor acht anruft.

„Geht es dir gut?“, fragt sie besorgt. „Deine Stimme klingt so merkwürdig.“

„Alles okay!“, sagt Kristina und bemüht sich, fröhlich zu klingen.

„Am Wochenende nehmen wir uns Zeit. Sollen wir ins Schwimmbad gehen?“

„Ja, machen wir.“ Kristina schaut nervös auf die Uhr. Das Wochenende ist weit, ihre Mutprobe aber rückt immer näher. Drei Minuten vor acht. Hoffentlich kommen sie nicht ausgerechnet jetzt. Dann hört ihre Mutter das Klingeln …

Es geht noch einmal gut. Kaum hat Kristina aufgelegt, holt Tobias sie ab. Auch er ist schwarz angezogen. Schweigend folgt sie ihm durch die Straßen. Es hat den ganzen Tag geregnet. Auch jetzt hängen Wolken am Himmel.

Auf einer schmalen Straße geht es durch den Wald. Von Weitem kann man Autos fahren hören.

Die Straße führt auf eine Brücke, die über die Autobahn geht. Hier treffen sie Sven und Patrick. Auch sie sind in ihrer dunklen Kleidung kaum zu erkennen. Nur ihre Gesichter leuchten weiß. Sie stellen sich an das Brückengeländer.

Kristina platzt fast vor Aufregung. Warum sagen sie nicht endlich, was sie machen soll? Was ist die Mutprobe? Sie sieht von einem zum anderen. Warum fangen sie nicht an?

Aber die Jungen starren nur schweigend auf die Scheinwerfer der Autos, die aus der Ferne herankommen und unter ihnen entlangbrausen.

Endlich fängt Tobias an zu reden. „Kristina!“, sagt er feierlich. „Willst du in unsere Bande aufgenommen werden?“

Kristina nickt. Klar will sie. Deshalb ist sie doch hier.

Sven stößt sie an. „Sag es laut.“

„Ja“, sagt Kristina. Ihre Stimme klingt ganz gequetscht. „Ja!“

„Gut“, sagt Tobias. „In unserer Bande können wir keine Feiglinge gebrauchen. Darum muss jeder, der zu uns gehören will, eine Mutprobe bestehen.“

Er schaut Kristina an. Sie nickt wieder. Sven pufft sie in die Seite. „Ja“, sagt sie.

„Mach die Augen zu und streck deine Hände geöffnet nach vorne.“

Während sie mit geschlossenen Augen dasteht, hört sie die Jungen tuscheln. Dann wird etwas Hartes, Kaltes in ihre Hände gelegt. Es ist so schwer, dass sie es beinah fallen lässt. Sie zittert vor Anstrengung.

„Augen auf!“, kommandiert Tobias.

Es sind Steine. In jeder Hand einer. Große, runde Steine. Sie starrt darauf, ohne zu verstehen, was sie machen soll.

Tobias zeigt mit dem Finger auf die Scheinwerfer in der Ferne. „Sobald du einen siehst, zählst du bis zwanzig. Dann wirfst du.“

Kristina schaut ihn ungläubig an. „Auf das Auto? Ich soll den Stein …“

„Natürlich nicht. Du wirfst den Stein auf die Straße. Vor das Auto. Es kann nichts passieren.“

„Aber …“

„Wenn du richtig zählst, nicht zu langsam und nicht zu schnell, dann kann nichts passieren. Es ist eine Frage der Nerven. Wer das nicht bringt, kann nicht bei uns bleiben. Wir haben es alle gemacht.“

Kristina steht da wie betäubt. Sie weiß, dass sie im Begriff ist, etwas Furchtbares zu tun.

Steine … Autos … Tobias … In Kristinas Kopf geht alles durcheinander.

„Was ist jetzt? Traust du dich? Na los, es ist doch nur eine Mutprobe." Sven rüttelt an ihrem Arm.

Kristina rührt sich immer noch nicht.

„Sie hat Schiss. Wusste ich doch!" Das ist wieder Sven. „Wenn es drauf ankommt, kneifen sie immer. Typisch Mädchen."

Kristina sieht, wie enttäuscht Tobias ist.

„Schade", sagt er leise. Er dreht sich zu Patrick und Sven um. „Lasst uns gehen."

★

Da fällt der erste Stein. Kristina hat ihn geworfen, ohne hinzusehen. Er saust auf die Straße und rollt von da ins Gras.

„Gut gemacht!" Die drei Jungen stehen jetzt neben Kristina. Tobias strahlt sie an. Sie hat es doch getan!

„Aber das nächste Mal musst du vorher zählen."

Die nächsten zwei Autos lässt Kristina durchfahren. Sie hat vor Aufregung das Zählen vergessen.

„Da kommt eins!", ruft Patrick. „Los! Zählen! Eins, zwei …"

„Drei … vier … fünf … sechs … sieben … acht … neun … zehn … elf … zwölf … dreizehn … vierzehn …" Kristina verschluckt sich und hustet. Vor ihren weit aufgerissenen Augen verschwimmt alles. „Fünfzehn … sechzehn … siebzehn …"

„Werfen! Schnell, wirf ihn!", schreit Tobias.

„Achtzehn … neunzehn … zwanzig …"

Der Stein fliegt durch die Luft. Genau eine Sekunde zu spät. Das Auto ist so nah herangekommen, dass der Stein nicht auf die Straße, sondern auf die Motorhaube prallt.

Bremsen quietschen. Kristina sieht mit Entsetzen, wie sich das Auto dreht und in den Graben fährt. Es kippt zur Seite und bleibt liegen.

„Weg hier!“, schreit Tobias und packt sie am Arm. Kristina rührt sich nicht. Wie festgewachsen steht sie da.

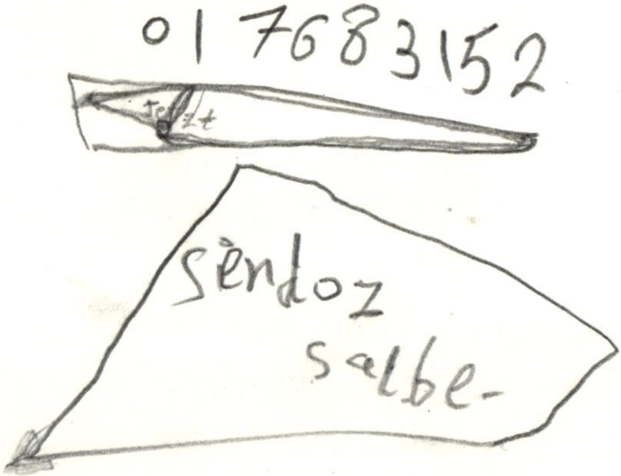